LETTRES

ÉCRITES

D'ÉGYPTE

EN 1838 ET 1839.

IMPRIMERIE DE FIRMIN DIDOT FRÈRES,
RUE JACOB, 56.

Figure d'Osiris dans le tombeau de Binothris (Skhaï). (Voyez page 9.)

LETTRES

ÉCRITES

D'ÉGYPTE

EN 1838 ET 1839,

CONTENANT DES

OBSERVATIONS

SUR DIVERS MONUMENTS ÉGYPTIENS NOUVELLEMENT EXPLORÉS
ET DESSINÉS

PAR NESTOR L'HÔTE.

AVEC DES REMARQUES DE M. LETRONNE,
MEMBRE DE L'INSTITUT.

(ORNÉ DE 68 DESSINS GRAVÉS SUR BOIS.)

PARIS,

FIRMIN DIDOT FRÈRES, LIBRAIRES,

IMPRIMEURS DE L'INSTITUT DE FRANCE,

RUE JACOB, 56.

1840.

Lorsque l'illustre Champollion explorait les antiquités de l'Égypte, plusieurs monuments alors peu connus échappèrent à ses investigations ; d'autres furent négligés, soit qu'il crût qu'ils n'offriraient rien de véritablement utile à ses études, soit que, satisfait des richesses qu'il avait en portefeuille et fatigué par un travail trop longtemps soutenu, il éprouvât le besoin de rentrer dans sa patrie. Sa santé, d'ailleurs, avait éprouvé des atteintes, tristes présages de la fin prématurée qui l'enleva, un an après son retour, à la science dont il a été le flambeau.

Parmi les monuments égyptiens que Champollion n'avait pas vus, plusieurs ont été, depuis son voyage, signalés plus particulièrement à l'attention des érudits, et ils méritaient, par leur importance, de trouver place dans le magnifique recueil intitulé :

Monuments d'Égypte et de Nubie, qui se publie sous les auspices du gouvernement, et doit réunir la collection des matériaux rapportés par l'illustre savant (1). Il devenait donc nécessaire d'envoyer en Égypte un dessinateur avec la mission de parcourir de nouveau cette contrée, et de remplir les lacunes que pouvait offrir l'ouvrage dont il s'agit, en se livrant à la recherche de tous les documents qui auraient échappé aux investigations du savant français et de la commission toscane qui lui avait été associée.

La proposition de ce voyage, faite par M. Letronne à M. de Salvandy, alors ministre de l'instruction publique, fut accueillie avec empressement de ce ministre, si zélé pour le progrès des connaissances utiles; et sur la recommandation du même savant, l'auteur de cette notice, qui avait accompagné Champollion pendant son voyage, fut chargé de remplir cette mission. Les lettres qu'il écrivait d'Égypte, insérées dans le

---

(1) *Monuments d'Égypte et de Nubie*, etc., par Champollion le jeune. Paris, Firmin Didot frères. — 23 livraisons ont paru (mars 1840).

Journal de l'instruction publique, ayant paru intéresser les personnes même étrangères aux études égyptiennes, il s'est décidé à réunir ces lettres, en y ajoutant quelques développements et des dessins propres à faciliter l'intelligence des détails qu'elles contiennent. Ce recueil, mis ainsi à la portée d'un plus grand nombre de lecteurs et en particulier de ceux qui se tiennent au courant de l'archéologie égyptienne, donnera en même temps une idée générale des documents que l'auteur a rapportés, et qui seront, en suivant l'ordre géographique des matières, classés dans le grand recueil de Champollion le jeune.

Par un accident de mer qu'il était impossible de prévoir ni d'éviter, la plus grande partie des empreintes que l'auteur avait prises par estampage sur les monuments originaux, fut submergée et détruite pendant la traversée de Malte à Marseille.

Les notes et les dessins ont échappé à l'avarie, mais ces derniers offraient, par suite de la destruction des empreintes, des lacunes importantes et qu'il était nécessaire de remplir ; la perte des empreintes elles-mêmes, qui formaient un ensemble de plus de cinq cents feuilles de papier, ne pouvait être réparée que par un nouveau voyage ; enfin l'auteur avait dû, pour cause de maladie, quitter l'Égypte sans explorer, comme il se l'était proposé, le Fayoum, la région des pyramides, et tout le Delta. Ces différents motifs lui faisaient désirer de pouvoir entreprendre un troisième voyage en Égypte.

M. Villemain, ministre de l'instruction publique, par un témoignage de l'intérêt qu'il prend aux études égyptiennes, et de sa bienveillance pour l'auteur, a voulu seconder ses intentions en lui confiant une nouvelle mission, pour compléter les résultats de la première.

NOTA. — Quelques-uns des termes employés dans cet ouvrage pouvant ne pas être connus des personnes étrangères aux études égyptiennes, on en trouvera la définition à la *Table alphabétique des matières*.

LETTRES
ÉCRITES D'ÉGYPTE

EN 1838 ET 1839.

PREMIÈRE LETTRE.

A M. LETRONNE, MEMBRE DE L'INSTITUT, ETC.

Thèbes (Qournah), 23 juillet 1838.

Monsieur,

Parti du Caire le 12 avril, je ne suis arrivé à Thèbes que le 1er mai, sans cesse contrarié par le vent et par la lenteur opiniâtre des Arabes qui conduisaient ma barque. Quoique pressé d'arriver au but de mon voyage afin de commencer mes travaux en descendant le Nil, et d'échapper autant que possible aux fortes chaleurs qui déjà se faisaient sentir, j'aurais utilisé le temps qu'il m'a fallu perdre, si les caprices du vent ou l'envie de dormir des Arabes ne m'eussent toujours retenu sur des points où il n'y avait rien à faire; le vent devenait-il favorable, j'en devais profiter, et alors il m'arrivait de passer rapidement et souvent de nuit devant les lieux que j'aurais eus à explorer. Au mépris des conventions écrites, malgré les bakchich ou les menaces, l'équipage de mon embarcation n'en faisait toujours qu'à sa tête; je n'obtenais qu'à grand'peine de marcher quelques heures de nuit, et souvent il faisait grand soleil avant que nous eussions remis à la voile. Privé de moyens coercitifs, j'ai dû subir toutes ces lenteurs, car je n'aurais eu d'autre ressource que de faire donner, à la turque, la bastonnade à ce monde-là, ou de congédier la barque à la première occasion.

Aussitôt mon arrivée à Thèbes, je me suis rendu à Qournah, dans la maison laissée à la disposition des voyageurs par MM. Hayes et Wilkinson, qui l'ont habitée pendant leur séjour. Le travail le plus long et le plus difficile que j'eusse à faire sur la rive gauche étant la copie entière du vieux tombeau du roi Skhaï, c'est par là que j'ai commencé; mais l'impossibilité d'habiter ce monument souterrain, son isolement et la distance où il est de Qournah, m'ont obligé de m'y transporter chaque jour et d'en revenir après une marche pénible à travers les montagnes brûlantes qui séparent ce monument de la plaine.

Deux chemins conduisent à ce tombeau : le

premier, en suivant les détours de la vallée qui s'ouvre derrière le vieux palais de Qournah, est d'environ deux heures et demie de marche; l'autre voie, qui est la plus courte, est aussi la plus fatigante, bien qu'elle ne soit que d'une heure de chemin. C'est un sentier rapide qui prend sur la droite de l'*Assassif* et conduit à travers les sommets abrupts de la montagne dans la vallée de *Biban-el-Molouk*, où débouche la seconde vallée dite de l'Ouest : à l'extrémité de cette dernière se trouve le monument dont il s'agit. On laisse à mi-chemin, sur la gauche, le tombeau d'Aménophis-Memnon.

Le tombeau du roi SKHAÏ (qu'on nomme aussi *Nouteï*) (1) porte l'empreinte d'une haute antiquité. Situé au fond d'une vallée resserrée dans des rochers à pic, au milieu d'un terrain que les pluies, les torrents et d'autres phénomènes physiques plus puissants encore ont bouleversé de fond en comble, ce monument est lui-même antérieur à une partie du désordre qui l'environne. Ses avenues et son entrée sont obstruées par d'énormes quartiers de roche précipités des montagnes, et le sol de l'intérieur s'est exhaussé par l'accumulation des débris et du limon qu'y ont apportés les eaux. Cet

---

(1) V. *infrà*, *passim*.

hypogée consiste en un couloir descendant d'une pente rapide, formé de deux rampes et de deux escaliers qui se terminent par un petit vestibule, d'où l'on entre dans une salle carrée, au milieu de laquelle est le sarcophage du roi. Une autre pièce vient après celle-ci; mais elle n'est, comme le couloir d'entrée, que dégrossie, et les alluvions l'ont comblée jusqu'à un mètre environ du plafond. La salle du sarcophage, la seule ornée, offre sur ses quatre parois des peintures sur enduit, représentant divers sujets tirés du rituel funéraire, et des scènes mythiques dans lesquelles le roi est figuré en pied, de grandeur naturelle, ainsi que les divinités avec lesquelles il est en rapport. Cette pièce a près de neuf mètres de longueur sur une largeur de six mètres quarante centimètres et trois mètres quatre-vingt-dix centimètres d'élévation ; cette surface est presque entièrement décorée de peintures. Les deux grandes parois présentent les sujets les plus intéressants du tombeau : sur l'une est figurée une chasse emblématique aux canards; le roi, debout sur une barque et voguant parmi des lotus en fleur, tient de la main gauche levée, un serpent dont il va frapper plusieurs canards qu'il a saisis de la main droite; une volée d'oiseaux semblables s'élève au-dessus des lotus et se dirige du côté de l'action ; dans le même tableau et sur une autre barque, le roi semble arracher du sein des eaux une tige de lotus avec sa fleur; la reine est debout derrière lui. Sur la même paroi est un autre tableau dont il ne reste malheureusement qu'une faible portion; la reine debout, avec les mêmes attributs et le même costume qu'au sujet précédent, assiste à une action du roi qu'on ne peut que deviner, car tout le personnage est détruit, à l'exception du bras levé et de la main dont il tenait un harpon avec sa corde; on peut croire, d'après des scènes analogues, que le roi perçait de son arme une tortue ou quelque autre reptile impur. Les hiéroglyphes qui accompagnent ces tableaux n'en expliquent pas le sujet; ils ne donnent que des légendes et les titres des personnages en action. La grande paroi du fond opposée à celle-ci a pour sujet les scènes d'introduction du roi en présence d'Osiris, juge de l'Amenti; le tableau est divisé en quatre scènes ou pauses, à chacune desquelles le roi est successivement introduit par la main, animé de la vie divine, purifié par les eaux célestes, et enfin admis en présence du juge suprême qu'il tient embrassé; la divinité qui préside à l'introduction des âmes, paraît à chacune de ces stations sous les formes et attributs divers de *Tmé* et d'*Hathor*; à la suite du roi marche un autre personnage qui paraît être son double ou mieux son génie intime; il n'est point, comme le roi, caractérisé par les deux cartouches, mais il porte sur sa coiffure la bannière royale, cette espèce de blason que les Pharaons prenaient indépendamment des cartouches, et qui peut-être les qualifiait d'une manière moins variable, plus personnelle que le cartouche lui-même.

A l'exception du tombeau d'Aménophis, je ne me souviens pas d'avoir vu d'autres monuments où l'on ait ainsi représenté le roi et son Sosie. Ce dédoublement peut être regardé comme le plus ancien témoignage d'une distinction dogmatique entre l'âme et le corps (1).

Sur la paroi de gauche figurent deux barques symboliques portant, l'une le dieu Phré et son cortége, l'autre deux éperviers emblèmes du même dieu; au-dessous et dans toute la longueur de la paroi règne une inscription hiéroglyphique de quarante-neuf colonnes. La paroi de droite, dont la bande supérieure représente plusieurs divinités en marche suivies de la barque de *Thoré*, sous la forme d'un scarabée, est du reste entièrement occupée par une collection de douze singes accroupis chacun dans un cadre particulier. Ce nombre a-t-il rapport aux phases de la lune dont le cynocéphale était un des emblèmes aussi bien que du dieu Thoth?

Indépendamment des quatre tableaux dont j'ai indiqué les sujets, il en existe un cinquième peint au-dessus de la porte du fond; il représente, assis deux à deux de chaque côté d'une table d'offrande, les quatre génies armés du fléau d'Osiris, et dont les Égyptiens révéraient l'emblème sous diverses formes et sous les noms de *Soumautf*, *Hapi*, *Amset* et *Kebhsnif*; ces génies figurent ici sous forme humaine.

(1) Cela rappelle le Férouer des anciens rois asiatiques.

Toutes ces peintures sont exécutées sur fond jaune, et bien qu'elles soient assez grossières sous le rapport du fini, elles offrent la même variété, la même disposition de couleurs et presque la même richesse de détails que les peintures les plus terminées de la belle époque. Les figures, quoique de proportions courtes à cause de la grosseur donnée aux têtes, offrent cependant des contours purs et des formes élégantes; en un mot le style général du monument n'annonce pas la haute antiquité que d'autres indices permettent de lui attribuer. Il n'en faut pas moins croire à son antériorité sur toutes les tombes royales de Biban-el-Molouk; et ce qu'on pourra conclure de mon observation, c'est que déjà l'art égyptien, à l'époque où l'on a exécuté ce monument, n'avait plus de progrès à faire dans la voie qui lui était tracée.

Par une circonstance qui semble annoncer l'illégitimité du roi Skhaï et une sorte de vengeance politique, toutes les têtes du personnage sont mutilées, ainsi que les cartouches qui renfermaient ses nom et prénom; mais comme les cartouches n'ont pas été complétement effacés du sarcophage, il ne peut y avoir de doute sur l'identité (1). Quant aux traits de sa physiono-

(1) L'existence du cartouche-prénom de Skhaï, parmi

mie, on peut juger de leur caractère par les traits mêmes des divinités qui l'accompagnent, et particulièrement d'Osiris, à qui l'on donnait presque toujours la ressemblance du roi défunt. Toutefois, ces têtes du personnage royal, quoique mutilées, n'ont pas tellement disparu qu'il ne reste de l'une un peu du nez ou du front, de l'autre la bouche et quelques linéaments accessoires, et j'ai pu, en rapprochant ces diverses parties, recomposer d'une manière à peu près certaine le profil entier, qui, rapproché de celui d'Osiris, a confirmé la ressemblance dont je viens de parler (1). Cette physionomie aux traits forts, à l'expression sérieuse, offre un caractère tout particulier d'étrangeté, je dirais presque un air sauvage, assez en rapport d'ailleurs avec l'exécution peu finie du monument. La reine, qui figure deux fois en compagnie de son époux, a partagé sa disgrâce ; son visage et son nom ont été complétement effacés, et malheureusement les sculptures du sarcophage n'offrent pas, comme pour le nom du roi, la possibilité de remplir cette lacune. Les faibles vestiges

---

les matériaux du pylône de la salle hypostyle à Karnac, est une preuve incontestable de son antiquité. (V. *infrà*, quatrième lettre.)

(1) Voir la figure d'Osiris placée en tête du volume.

que j'ai pu reconnaître dans le cartouche de la reine, deux fois reproduit, ne m'ont fourni qu'une portion d'une figure de femme assise avec la fleur de lotus retombant de ses genoux, et la partie convexe de la plume (signe de voyelle). De tous les cartouches de reines aujourd'hui connus, je n'en vois qu'un qu'il soit possible d'identifier à celui-ci : c'est le cartouche d'une des reines de la vallée du sud, recueilli par Champollion et par M. Rosellini, et rapporté par ce dernier, tome II des *Monumenti storici* (planche-appendice, lettre B), dans la série des noms de reines dont la place chronologique n'est pas déterminée. Cependant je n'oserais rien affirmer à ce sujet.

Le sarcophage du roi présente aussi un caractère fort remarquable, et se distingue de tous les monuments connus du même genre par sa forme élégante et par les sculptures qui le décorent. Il est de granit rouge, en forme de naos ou petit temple, couronné par une corniche et orné aux angles des figures en relief de Néith et de Selk, représentées debout; de longues ailes attachées aux bras de ces déesses se déploient autour du sarcophage, comme pour protéger la momie qu'il devait renfermer; le globe ailé s'étend au-dessous de la corniche, et les espaces sont remplis par de nombreuses colonnes d'hiéroglyphes.

pylon, auquel on arrive par un long escalier à rampe douce, avec murs d'appui, donnait entrée à cette cour dont les colonnes, à chapiteaux fleuris, étaient engagées dans des murs d'entre-colonnement. Une muraille d'enceinte partant de la cour venait rejoindre la face du rocher dans lequel était creusé le sanctuaire. Cet élégant édifice, bâti en grès, a été consacré, vers la fin du règne d'Évergète II, à la déesse Hathor dont la tête symbolique, alternée avec les cartouches du prince, décore la frise intérieure de cette chapelle. On lit aussi dans l'une des inscriptions gravées sur la paroi de droite le nom de Cléopâtre, qui, après la mort d'Évergète II, fit reprendre, conjointement avec son fils Alexandre Ier, la décoration extérieure du monument; les travaux n'ont pas été achevés. La porte du sanctuaire est presque entièrement détruite, et les bas-reliefs sculptés à droite et à gauche de la façade qui formait le fond du naos, sont très-endommagés; ils représentaient des offrandes de Cléopâtre à la déesse Hathor-Sowen. Les autres parties de l'édifice sont totalement dépourvues de sculptures, excepté le propylon, dont les montants intérieurs offrent la légende d'Alexandre Ier. Les cartouches ébauchés sur la façade de cette porte sont restés vides.

Aucune inscription grecque n'a été gravée sur

ce monument, hormis les cinq lignes suivantes, qui vous appartiennent de droit :

ΠΛΑΤΩΝ
ΕΙΜΩΝΟΣ
ΗΚΩΠΑΙΑ
ΤΗΜΕΓΙΣΤΗΝ
ΘΕΑΝΣΜΙΘΙΝ (1).

Sur la partie droite du rocher, dans le prolongement de la façade du sanctuaire d'Hathor, est une stèle avec corniche et encadrement, sculptée au nom de Rhamsès III. Ce prince y est représenté faisant une offrande au dieu Phré et à la déesse Sowen (Ilithye). J'ai pris les dessins de ce bas-relief et de toutes les parties du temple qui m'ont paru offrir quelque intérêt; j'ai pris également deux vues perspectives et levé un plan de cet édifice, dont l'architecture est fort élégante. L'escalier qui le précède est particulièrement remarquable.

Dans l'axe et à 60 mètres environ en avant du

---

(1) Cette inscription doit se lire : Πλάτων Ἑρμῶνος, ἥκω παρὰ τὴν μεγίστην θεὰν Σμίθιν. « Moi, Platon, fils d'Hermon, « je suis venu vers la très-grande déesse Smithis. » Cette divinité me paraît être inconnue, à moins que ce ne soit la même que *Tmé*, une des formes d'Hathor, à qui ce temple était consacré. (*Letronne*.)

spéos d'Hathor, s'élève un autre petit temple ou chapelle, consacré au dieu Phré sous le règne de Rhamsès le Grand. Ce monument, qui n'a que 6 mètres de longueur sur 5 de façade, a été construit ou plutôt restauré dans la forme ordinaire des temples égyptiens : murs en talus, avec tore et corniche. La partie du dehors n'a reçu d'autre décoration que le globe ailé placé sous la corniche de la porte; on peut rapporter au temps de la construction du temple d'Hathor cette restauration, qui devait sauver d'une ruine complète les quatre murs sans plafond qui restaient du monument de Sésostris. L'unique chambre qui forme l'intérieur de cet édifice était primitivement ornée de sculptures peintes; mais ce qui en reste est maintenant dans un tel état de dégradation, que je n'ai pu que très-difficilement en recueillir quelques détails. Le tableau du fond n'est pas le moins fruste, et si l'on reconnaît encore le dieu à tête d'épervier assisté de la déesse Tmé, dont il ne reste que la plume caractéristique, il est beaucoup plus difficile de démêler parmi les accidents confus de la dégradation, le personnage en rapport avec ces divinités; celui-ci m'a paru être le roi (sinon une reine) recevant de la main du dieu, levée à la hauteur de son visage, la croix ansée, emblème de la vie divine.

Il paraît y avoir là une intention funéraire; les tableaux sculptés ou peints à l'entrée des tombes royales présentent des sujets analogues; et ce qui peut confirmer ce soupçon, c'est la présence, dans le même sanctuaire, de la déesse Tmé, du dieu Thoth-Lunus à tête d'ibis, et de plusieurs cynocéphales ses acolytes. Les autels placés devant chacune des divinités figurées dans ce monument portent tous le vase à goulot surmonté d'une fleur de lotus, symbole ordinairement funéraire, et qui s'offre à chaque pas dans les tombeaux; enfin la situation de l'édifice près d'une montagne consacrée aux morts serait un argument de plus; quoi qu'il en soit, le monument, dans un pareil état de dégradation, peut fournir plus d'un sujet aux conjectures, et c'en est un autre que la présence dans le même sanctuaire de deux princes royaux caractérisés par la palme qu'ils tiennent à la main et par le costume particulier aux fils de rois. Ils figurent l'un à droite et l'autre à gauche de la porte d'entrée, et reparaissent encore dans le tableau du fond, marchant à la suite du roi. J'ai extrait tout ce que j'ai pu de ce curieux monument.

A une demi-lieue environ des édifices dont je viens de parler, on en aperçoit un troisième situé plus avant dans la même vallée, et qui contraste avec les précédents par sa merveilleuse conservation, quoiqu'il soit d'une époque plus reculée. Cette conservation est due à son isolement et à sa situation à l'entrée du désert, sur une des routes maintenant abandonnées qui conduisaient à la mer Rouge.

Le monument présente au dehors, moins la corniche qui est détruite, une forme analogue à celle du naos de Sésostris. Il offre à l'intérieur une salle *pronaos*, soutenue par quatre colonnes à pans coupés, ornées de la tête d'Hathor, divinité à laquelle l'édifice a été consacré. La décoration intérieure, exécutée sous le règne d'Aménophis-Memnon, offre des sculptures peintes avec le plus grand soin, et d'une telle vivacité de coloris, d'une telle fraîcheur de conservation, qu'il n'y a dans toute l'Égypte aucun monument qu'on puisse lui comparer sous ce rapport, si ce n'est quelques tombeaux de Biban-el-Molouk. Le fondateur de ce temple paraît l'avoir élevé en commémoration de son père Thouthmosis, qui est deux fois représenté avec les attributs divins, le crochet d'Osiris et une table d'offrandes placée devant lui; du reste, Aménophis, voulant partager avec son père les honneurs du divin fauteuil, s'est fait aussi représenter deux fois avec les mêmes attributs. Il n'est d'ailleurs pas douteux que l'édifice appartienne au règne d'Aménophis; les sculptures extérieures de la porte d'entrée et toute la décoration intérieure du temple, y compris la légende dédicatoire, portent les cartouches de ce Pharaon, indépendamment de la mention particulière qui y est faite de la dédicace du monument à *Thouthmosis son père, dieu bienfaisant.* Dans les divers tableaux qui ornent les murs, c'est toujours Aménophis qu'on voit faisant au dieu Phré et à la déesse Éponyme des offrandes somptueuses.

La porte du fond donnait entrée, selon toute apparence, à un sanctuaire; mais cette pièce, à laquelle le pronaos se liait sans être engagé dans la maçonnerie, a disparu sans laisser de traces; la porte qui y conduisait a été restaurée sous le règne de Ménephtah-Ousirei, dont la légende décore les deux côtés intérieurs de cette porte. Enfin on retrouve, sur la partie extérieure, à droite de la façade du monument, les restes d'un bas-relief représentant un acte d'adoration fait par un fils de Rhamsès III à son père, qui est figuré sur un trône avec la coiffure et les attributs d'Osiris. Une ligne d'hiéroglyphes, gravée au-dessous du tableau, présente une date de l'an 41 et l'indication d'un nombre d'années de panégyries malheureusement effacé (excepté les trois dernières). Ce qui reste de la légende en plusieurs colonnes placées au-dessus de la tête du jeune prince permettrait de déterminer auquel des nombreux fils de Rhamsès elle se rapporte ; M. Wilkinson me paraît l'avoir à tort appliquée au quatrième fils de ce roi, à moins qu'il n'ait consulté une autre série que celle des enfants de Rhamsès figurée au Rhamesseum de Thèbes ; je n'ai pas sous les yeux les légendes de la série de Bet-Ually, qui diffèrent de celle-là. Ce prince me paraît toutefois être le treizième fils de Rhamsès qui succéda à son père sous le nom de Ménephtah II (1).

(1) Au-dessus de la tête du jeune prince, on lit ses nom et titres. L'inscription placée au-dessous les répète, et porte en substance : *L'an XXXXI, venue du fils du roi*

A une époque plus récente et qui me paraît encore être celle de la restauration des deux précédents édifices, on a construit en avant de celui-ci une cour péristyle avec murs d'entre-colonnement ; il ne reste de ces constructions que les soubassements et un propylon d'entrée engagé entre deux colonnes à chapiteaux fleuris encore en place. Cette partie ajoutée est restée sans sculptures.

Il serait intéressant de prendre une copie entière des peintures de ce monument, et je l'eusse fait si le peu de temps dont j'avais à disposer ne m'en eût empêché; mais je ne renonce pas à y retourner avant de quitter la haute Égypte. D'ailleurs, les hypogées d'Ilithya, qui sont au nombre des plus intéressants de la Thébaïde, n'ont pas été, je crois, complétement examinés, et j'ai dû quitter ce lieu après y être demeuré six jours, constamment occupé, sans même revoir ces hypogées, dans la crainte de me laisser tenter par le désir d'y recueillir des dessins, ce qui m'eût beaucoup retardé.

Après une quinzaine de jours d'absence, car le vent n'a cessé de m'être contraire au retour comme au départ, je suis revenu à Louqsor,

---

SEMENEPHTAH, *l'élu de cœur du Seigneur du monde, qui domine dans la région de pureté* (l'Égypte), etc.

où je me suis arrêté pendant quelque temps dans la maison qu'y ont laissée, pour l'usage des voyageurs, les Français chargés du transport de l'obélisque.

Après avoir mis au net mon travail d'Ilithya et terminé les deux premières feuilles commencées du tombeau de Skhaï, j'ai de nouveau traversé le Nil, et me suis rendu directement à Biban-el-Molouk, où j'ai pris domicile dans ce même tombeau de Rhamsès V, où huit ans auparavant j'avais passé deux mois en compagnie de l'illustre et tant regretté Champollion. Cette vallée, où renaissaient pour moi de tristes mais précieux souvenirs, semble avoir pris un air d'abandon, une teinte de mélancolie plus austère, plus profonde que jamais. J'ai mis mon lit à la place qu'occupait le sien, et ma pensée se plaisait à faire revivre son image; que ne pouvais-je de même évoquer le génie qui l'a immortalisé!

En me fixant dans la vallée des rois je me trouvais, bien qu'encore à une grande distance, plus à portée à la fois du monument dont j'avais à prendre la copie, et des autres hypogées que je voulais revoir, afin de m'assurer si de nouvelles excavations n'auraient pas été faites depuis Champollion. Je n'ai rien trouvé d'intéressant; mais ce qui me paraît hors de doute, d'après un examen attentif des localités, c'est qu'il reste à Biban-el-Molouk bien des tombes à ouvrir, et que la vallée de l'Ouest en renferme un nombre peut-être aussi grand que tout ce qu'on voit aujourd'hui dans l'autre vallée. La présence dans celle-ci du tombeau de Memnon, de celui de Skhaï, n'est qu'un des moindres témoignages qu'on pourrait invoquer (1). Mais qui entreprendrait aujourd'hui les immenses travaux qu'exigerait la recherche de ces monuments? qui voudrait y consacrer quelques centaines de mille francs, à moins d'être fort opulent, ou l'émule des monarques qui se sont fait creuser de pareils tombeaux?

Après quinze jours de travail, j'ai vu à peu près la fin de mon entreprise, et je me suis hâté de revenir à Qournah respirer l'air des vivants, et mettre avant tout la dernière main aux cinq grandes feuilles qui résument en un véritable *fac-simile* quatre-vingts mètres environ de peintures et d'hiéroglyphes.

J'ai visité ensuite les colosses de Memnon, et me suis bien assuré que la disposition particulière annoncée par M. Wilkinson n'est vraie qu'en partie (2). Il existe effectivement, dans le

---

(1) Voyez à ce sujet l'appendice à la fin du volume.

(2) M. Letronne avait établi, par la comparaison de tous

giron de la statue vocale, une pierre carrée de la nature du grès qui a servi à la restauration du colosse, et qui produit à la percussion un son tout à fait semblable à celui d'une masse de métal coulé (une pièce de canon, pour me servir d'un exemple); mais l'ancienne cavité supposée en avant du bloc, n'est qu'un creux informe, d'un pouce au plus de profondeur; l'autre cavité ménagée derrière dans l'intention de tenir, suivant l'auteur, une personne cachée, et de favoriser l'erreur des gens crédules, n'est autre chose que l'énorme crevasse qui divise de

les faits et surtout par l'examen des inscriptions gravées sur les jambes du colosse de Memnon, que ce phénomène vocal n'était pas le résultat de la supercherie des prêtres égyptiens. Plus tard, M. Wilkinson crut avoir trouvé une preuve évidente du contraire dans une pierre sonore placée au-dessus des genoux du colosse, et derrière laquelle se trouvait une cavité pratiquée à dessein, pour cacher celui qui était chargé de frapper la pierre sonore et de produire à volonté le prodige.

M. Letronne a montré toutes les difficultés historiques qui s'opposent à cette opinion du savant voyageur, et conclu que, si le fait était constant, il ne pouvait être que le résultat d'une fraude ayant pour objet de produire de nouveau le miracle, après que sa cause naturelle avait cessé d'agir.

Les prévisions du savant académicien à cet égard se trouvent ainsi confirmées.

haut en bas le siége de la statue vers la flexion des cuisses, et qui fait en même temps séparation entre la partie ancienne et postérieure du colosse et la partie restaurée qui repose sur le fragment d'arrière. La sonorité de la pierre dont il s'agit est surprenante en effet ; mais cette propriété lui est commune avec tous les grès à pâte siliceuse, et particulièrement avec ceux qui sont entrés dans la restauration du colosse; propriété que possède à un plus haut degré encore la pierre plus siliceuse, plus homogène, du colosse original. Chacun des blocs délités de son énorme siége rend un son analogue à celui que signale M. Wilkinson, mais plus étouffé, à cause du contact ou de la superposition des parties voisines. Au surplus, s'il faut croire à la supercherie annoncée par le voyageur anglais, elle serait évidemment de l'époque postérieure à la restauration du monument, et cela ne changerait rien aux causes naturelles du phénomène antérieur que vous avez su expliquer de la manière la plus concluante.

Je crois devoir, au sujet de ce monument, vous faire part d'une remarque que m'a suggérée le passage de votre livre où il est parlé du tremblement de terre qui aurait déterminé la chute de la partie supérieure du colosse. Cet événement me paraît avoir été aussi la cause de l'écroulement des pylônes du Rhamesseum et de la salle hypostyle de Karnac, lesquels, par la disposition des matériaux, n'annoncent pas l'effort destructeur des hommes; la disjonction des pierres et leur accumulation sur l'emplacement même des pylônes produisent plutôt l'effet de constructions violemment ébranlées dans toute leur masse, et qui se seraient écroulées sur elles-mêmes. Il faudrait, si je ne me trompe, attribuer à la même cause la chute des douze colonnes qui formaient avenue dans la cour des Bubastites, et qui sont tombées tout d'une pièce, presque toutes du même côté : les disques en moellon qui les composaient ont conservé dans la chute leur ordre de juxtaposition.

Pour revenir au colosse de Memnon, j'ai entrepris de recueillir la collection complète des inscriptions qui couvrent ses jambes et quelques parties de son trône ; le procédé par estampage avec du papier mouillé réussit au delà de mes espérances, et je compte vous rapporter ainsi moulées les deux jambes et toutes les parties inscrites du monument. Il faut, pour atteindre les inscriptions les plus élevées de la jambe, deux échelles attachées bout à bout et du haut desquelles on n'a pas toute la liberté de mouvement désirable ; mais sous le climat de Thèbes et pour les coureurs de ruines, la vie est toujours en jeu; je pense, du reste, remplir ma tâche en moins de trois séances (1).

Tel est, Monsieur, l'emploi de mon temps depuis que j'ai quitté le Caire; je voudrais pouvoir rester à Thèbes six mois encore, et ce temps ne suffirait pas pour en emporter tout ce que j'y vois de plus intéressant; je dois donc me borner à remplir mes instructions. Medinet-Abou et le Rhamesseum demandent quelques séances, j'ai plusieurs calques à prendre dans les tombeaux de Qournah, et enfin un petit nombre de bas-reliefs à copier à Karnac, où je compte aussi faire déblayer, dans les constructions de Mœris, la petite chambre dite *des ancêtres*, dans le but d'y retrouver parmi les décombres, les cartouches qui font lacune dans la série de ces noms publiée par M. Rosellini. De Thèbes j'irai à Dendérah, puis à Abydos, et, après avoir copié ce que je trouverai d'inédit parmi les monuments de l'une et l'autre rive jusqu'à Psinaula, je ferai sur ce point

(1) Le résultat n'a pas tout à fait répondu à mes espérances. Le vent impétueux du Khamsin s'étant élevé pendant mon travail, les feuilles de papier que j'appliquais au monument séchaient trop vite et se détachaient aussitôt. Il fallait pour les fixer des précautions d'autant plus compliquées et embarrassantes, que l'opération se faisait au haut d'une échelle vacillante d'où je faillis plusieurs fois être précipité. (*Note ajoutée.*)

une seconde pause, et aussi, j'espère, une riche moisson (1).

Agréez, etc.

(1) Les sculptures des grottes de Psinaula n'ont jamais été dessinées. On ne connaît que l'échantillon publié dans le recueil intitulé : *Hieroglyphica.* Le style de ces sculptures atteste leur grande antiquité : on les met au nombre des plus anciennes qui se trouvent en Égypte. Ce qui leur donne un grand intérêt, c'est qu'elles ont été exécutées sous un de ces vieux rois dont les cartouches sont gravés sur des matériaux employés dans des constructions du palais de Karnac. (V. *infrà.*)

DEUXIÈME LETTRE.

A MONSIEUR LE MINISTRE SECRÉTAIRE D'ÉTAT
DE L'INSTRUCTION PUBLIQUE.

Mellawy-el-Arich, sur le Nil, 3 janvier 1839.

Monsieur le ministre,

En me confiant la mission d'explorer les anciens monuments de l'Égypte et de dessiner ceux qui manquent au complément du recueil de Champollion le jeune, qui se publie sous vos auspices, vous avez bien voulu m'autoriser à vous adresser directement quelques détails sur mes travaux. J'aurais beaucoup plus tôt rempli cette honorable obligation, si l'année dernière, au moment de quitter les ruines de Thèbes pour continuer mes recherches, je n'eusse été contraint par la maladie de retourner en toute hâte au Caire, dans l'espoir d'y trouver quelques chances de guérison. Plus heureux que l'infortuné Dujardin (1), j'ai échappé au mal qui venait de l'emporter et qui épargne si peu les Européens sous ce climat brûlant. Mais j'ai dû pendant plus de trois mois attendre le retour d'une saison moins chaude, et ce n'est que le 1ᵉʳ décembre qu'il m'a été possible de reprendre mon voyage. Je me hâte, Monsieur le ministre, de vous rendre compte des premiers résultats de mes explorations en remontant le Nil.

Je ne nommerai pas dans mon itinéraire une

---

(1) Le docteur Dujardin s'était livré avec ardeur à l'étude de la langue copte. Après avoir, pendant assez longtemps, exercé sa critique sur les travaux de Champollion le jeune, il avait été ramené, par des études plus approfondies, à une conviction favorable au système hiéroglyphique découvert par notre illustre savant. Les connaissances du docteur Dujardin dans la langue copte, pour devenir réellement utiles, devaient être appliquées à l'écriture hiéroglyphique dont il commençait à s'occuper, et le voyage qu'il venait d'entreprendre en Égypte, aux frais du gouvernement, devait à la fois enrichir la littérature copte par la recherche et la copie de manuscrits nouveaux, et contribuer aux progrès de M. Dujardin, sur qui l'archéologie égyptienne avait droit de fonder des espérances.

A peine arrivé au Caire, M. Dujardin fut, en août 1838, atteint de dyssenterie. Malgré les soins éclairés de l'excellent docteur Prünner, qui venait de le sauver d'une première atteinte, une rechute, toujours fatale dans cette cruelle maladie, enleva en peu de jours le malheureux voyageur, dont la perte est bien vivement sentie de ceux qui ont pu l'apprécier.

foule de points où j'ai trouvé des vestiges d'antiquité; les uns ne présentant que des carrières ou des tombeaux sans sculptures; les autres, et il s'en trouve à chaque pas, n'offrant que des restes de constructions en briques ou des amas de décombres, sans autre intérêt que celui qui peut s'attacher au seul emplacement d'une ville ou d'une bourgade antique. Parmi ces dernières, on trouve quelquefois des briques portant l'empreinte d'un nom royal ou quelque légende religieuse et locale qu'il est toujours intéressant de recueillir. Telles sont les briques qui se trouvent au village de Médinet-el-Ghiahel, vis-à-vis de Fechné, et qui faisaient partie de grandes constructions, pylônes et enceintes sacrées; on lit sur les unes (A) un prénom royal analogue à celui de Mœris, avec le titre *roi de la région inférieure*

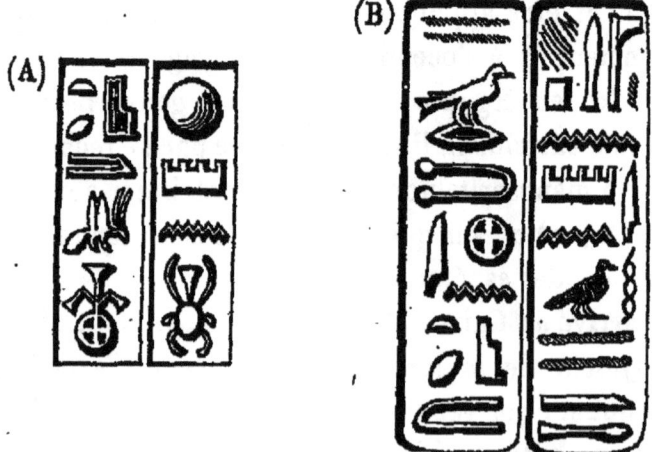

aimé d'Isis; sur les autres (B), la légende d'un grand

prêtre d'Ammon suivie du nom hiéroglyphique de l'endroit et du titre *aimé d'Isis*, ce qui fait voir que cette déesse était particulièrement révérée en ce lieu. Ces briques sont placées dans la bâtisse avec l'inscription en dessus ; elles remontent à une haute antiquité.

A une demi-lieue au sud du village de *Scharone* (rive droite), il existe des buttes de décombres antiques nommées Koûm-el-Ahmar (la *butte rouge*), à cause des fragments de poterie qui la recouvrent. J'ai trouvé sur ce point les arasements d'un temple en pierre calcaire avec portique à huit colonnes campanulées de style ancien, et les restes d'un pylône. A deux cents mètres plus loin, sont les restes d'un bassin et de son mur de revêtement, avec quelques bases et tronçons de colonnes demeurés en place ; ces constructions n'ont pas conservé trace des hiéroglyphes qui devaient les orner, et je ne les nomme que parce qu'elles n'ont pas encore été signalées. Leur position paraît répondre à celle de l'*hipponon* des anciens, et l'étendue des décombres annonce une place assez importante. Mais ce que j'ai trouvé de plus intéressant sur ce point, c'est un hypogée funéraire creusé dans la colline calcaire qui s'étend au sud-est des ruines. Le voyageur anglais M. Wilkinson, qui a publié la nomenclature jusqu'ici la plus complète des monuments de l'Égypte, n'indique en ce lieu que des grottes ébauchées. Je n'ai pu pénétrer que dans une seule, les deux ou trois autres, réunies sur le même point, étant obstruées par le sable; mais j'ai trouvé dans celle-là un document qui n'est pas sans intérêt pour l'iconographie archaïque des souverains d'Égypte : c'est l'image en pied et la légende d'un des plus vieux rois dont les monuments aient conservé le souvenir. Son nom, formé de deux lettres

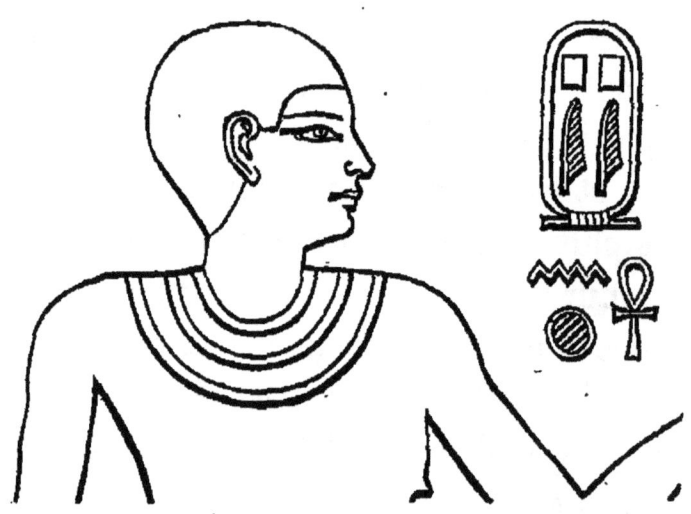

doublées, peut se lire de deux manières : l'une rappellerait le *Phiophis* de la sixième dynastie; l'autre, non moins vraisemblable, donnerait, si je ne m'abuse, le nom d'*Apophis* (Apap). Est-ce le Pharaon sous le règne duquel on s'accorde à placer la venue en Égypte et le ministère de Joseph l'Israélite? Cette conjecture reposerait sur diverses considérations assez probantes et que ne détruirait pas l'objection qu'Apophis était un roi étranger à la dynastie légitime, puisque l'histoire de l'Égypte nous fait voir les conquérants adoptant toujours les usages religieux et civils du peuple conquis (1) : j'ajoute que le nom de ce roi ne se trouve sur aucun monument de la Thébaïde où régnait la dynastie expulsée, tandis qu'il n'est pas rare dans les hypogées de l'heptanomide où je l'ai rencontré plusieurs fois (2).

(1) Ce nom même est essentiellement égyptien ; Αφωφ signifie en copte *géant*.

(2) Ce nom figure, il est vrai, comme je l'ai reconnu depuis, parmi ceux des ancêtres ou prédécesseurs de Thouthmès IV, dans la petite chambre des appartements de Karnac ; mais comme il n'est rien moins que prouvé que les rois rappelés dans cette suite aient tous régné sur les deux parties de l'Égypte à la fois, ni qu'ils fussent tous de race égyptienne, l'observation énoncée plus haut ne s'en trouve pas infirmée ; d'ailleurs, le monument de Thouthmès IV, postérieur de longtemps au roi dont il s'agit, paraît n'être qu'une mention commémorative des princes qui avaient régné avant lui, soit sur la haute, soit sur la basse Égypte, qu'ils fussent ou non ses ancêtres de famille.

Le même nom paraît aussi, à côté de celui de *Rèméran*, sur les rochers de la route de Qosseir, mais il n'y a pas plus de conclusions à tirer de ce fait dans un sens que dans l'autre. (Conf. Burton, *Excerpta*, etc., plate XIV, n° 1. — Wilkinson, *Manners and customs*, t. III, p. 280. — Rosellini, *Monumenti*, etc., t. III, p. 4.)

Le monument dont il s'agit est malheureusement fort endommagé. Deux chambres seulement furent décorées de sculptures; la première est à moitié détruite et ensablée jusqu'à deux pieds du plafond; l'autre, mieux conservée, est presque entièrement enfouie.

Toutefois, ce qu'on y peut découvrir de sculptures dénote à la fois le style ancien des tombeaux de Ghizeh, de Sakkarah, etc., et un art parvenu au degré de perfection qu'il n'a pas dépassé depuis. A la suite de l'image du roi vient celle de la reine avec ses noms et titres.

La chasse symbolique aux canards dans des marais couverts de lotus; d'autres chasses où des animaux sauvages, tels que biches et gazelles, sont poursuivis par des tireurs d'arc et par des lévriers; enfin des troupeaux de bœufs et des offrandes variées, avec l'indication de leur nombre, forment les divers sujets de la décoration de ce tombeau. Le donateur de ces offrandes se montre aussi, recevant à deux genoux l'eau lustrale que lui répand sur la tête un prêtre debout derrière lui. Bien que le roi occupe dans la décoration du monument la place la plus importante, on n'en peut pas conclure que ce tombeau ait été le sien; mais sa présence annonce, comme on le voit par la plupart des grands hypogées funéraires de l'Égypte, comme aussi par la légende du défunt, que le tombeau appartenait à un fonctionnaire spécialement attaché au service du roi. Il est à regretter que ce monument dans son état actuel ne donne pas plus de lumières sur l'époque à laquelle il appartient; mais il méritait une mention dans la liste des plus anciens débris de l'art égyptien, et il a fourni quelques dessins à mon portefeuille.

Le village de Scheik-Fâdel, situé à quelques lieues au sud de Scharôneh, est presque entièrement construit de matériaux provenant d'édifices anciens; un temple spacieux y est depuis longtemps en exploitation, et ses fondements fournissent au gouvernement égyptien une abondante carrière de moellons qu'on transporte sur l'autre rive; toute la plage en est couverte. On ne trouve plus aucune trace d'hiéroglyphes sur ces matériaux, non plus que dans les vastes carrières de Scheik-Hassan, qui, vues de loin, ressemblent à une grande ville fortifiée de bastions et de créneaux. Ces carrières, taillées sur le sommet de la chaîne arabique, portent le vernis d'une prodigieuse vétusté.

En avant de la chaîne de montagnes dites *des Oiseaux* (Gebbel-terr) sont d'autres carrières antiques désignées sous le nom de BABEYN, *les Deux-Portes*, à cause de la configuration de deux roches percées de hautes ouvertures qui les font ressembler à des portes. On voit dans ces carrières un hypogée spéos exécuté sous le règne de Ménephtah II, fils de Rhamsès le Grand, et consacré aux dieux Phtah, Thoth-Anubis et Hathor. La présence du dieu Thoth et l'offrande d'un cynocéphale rappellent le voisinage de Cynopolis (Samallout) où ce dieu paraît avoir été en vénération. A côté du spéos on voit une grande stèle où figure le père de Ménephtah, conduit par Hathor et recevant des mains du dieu Thoth-Ibis le sceptre des panégyries.

Vers le milieu de l'étendue de la montagne comprise entre ce point et l'angle le plus voisin de Minieh, à deux lieues vers le sud du célèbre couvent de la Poulie, se trouve le village de Téhneh. Le grand ouvrage sur l'Égypte donne le plan topographique et une description générale des antiquités de cet endroit, mais peu de dessins en font connaître les détails. J'ai visité les lieux avec soin et complété sous ce rapport l'ensemble des notions qu'il est possible de tirer de ces ruines dans leur état actuel.

Le premier document à signaler consiste en une inscription grecque qui a été gravée sur le flanc occidental de la montagne, au-dessus d'une ouverture ou grotte naturelle qui n'offre d'ailleurs aucune particularité; elle a été dédiée à Isis surnommée *Mokiade* et *Libératrice*, pour la conservation de Ptolémée *Dieu grand*, *Épiphane* et *Eucharistе*. Elle est ainsi conçue :

ΥΠΕΡΒΑΣΙΛΕΩΣΠΤΟΛΕΜΑΙΟΥ
ΘΕΟΥΕΠΙΦΑΝΟΥΣΜΕΓΑΛΟΥΕΥΧΑΡΙΣΤΟΥ
ΑΚΩΡΙΣΕΡΕΕΩΣΙΣΙΔΙΛΟΧΙΑΔΙΣΩΤΕΙΡΑΙ (1).

A quelque distance, vers la droite de l'inscription d'Épiphane, est une grande stèle égyp-

(1) M. Letronne lit : Ὑπὲρ βασιλέως Πτολεμαίου θεοῦ Εὐεργέτου, Ἐπιφανοῦς, Μεγάλου Εὐχαρίστου, Ἄκωρις Ἐριέως Ἴσιδι Λοχιάδι, σωτείρᾳ, et traduit : « *Pour le salut du roi Ptolémée, dieu Évergète, Épiphane, Grand, bienfaiteur, Acoris, fils d'Ériée* (consacre ce monument) *à Isis Lochiade, Salutaire.* » Il pense qu'il faut substituer, dans le mot Lochiadi, le lambda au M que j'avais vu ou cru voir. Les Grecs avaient une Minerve Lochiade, c'est-à-dire, présidant aux accouchements ou plutôt à la délivrance des accouchées. En lisant ΜΟΧΙΑΔΙ, j'étais disposé à croire que l'auteur de l'inscription avait grécisé un mot égyptien dont le sens aurait eu de l'analogie avec l'épithète ΣΩΤΕΙΡΑΙ. Ce mot présente effectivement, avec l'hébreu MOCHIANG, qui signifie *salvator*, *liberator*, une analogie qui m'avait frappé et fait croire à la possibilité d'un équivalent égyptien. Mais je n'ai pu trouver dans la langue copte aucun mot qui offrît à la fois consonnance et analogie avec le mot grec ΜΟΧΙΑΔΙ tel que je l'avais lu. Je dois d'ailleurs d'autant moins insister sur mes doutes que la correction de M. Letronne est parfaitement logique et satisfaisante à tous égards. (*Note ajoutée.*)

tienne qui représente le pharaon Rhamsès-Méiamoun accompagné d'Amon-ra et recevant des mains du dieu Sévek, à tête de crocodile, *la harpè pour châtier ses ennemis étrangers*. Enfin, dans la partie supérieure et au revers méridional du rocher, on remarque un bas-relief de deux mètres carrés représentant un groupe de Castor et Pollux, la tête surmontée de l'étoile qui les caractérise, et tenant leurs chevaux par la bride. Les Dioscures sont ici accompagnés d'un troisième personnage également debout, entre les deux, et qui avait aussi une étoile sur la tête; mais cette dernière figure est mutilée. On reconnaît dans les deux autres le costume militaire des Romains, la cuirasse, l'épée, le pallium, et au lieu du casque la chevelure tombante. La sculpture est de ronde-bosse, d'un travail assez lourd et évidemment du Bas-Empire. Je ne connais pas les circonstances mythologiques d'après lesquelles on a pu faire des Dioscures une triade.

Les époques grecque et romaine ont presque seules laissé des vestiges à Téhneh, et les deux monuments de style égyptien qu'on y trouve, outre la stèle de Méiamoun, appartiennent, du moins l'un, à la fin de la domination grecque ou au commencement de l'époque romaine. Ce sont deux hypogées : le premier, creusé dans le flanc abrupt et du côté occidental du rocher qui domine l'ancienne ville, consiste en une petite chambre ou oratoire dont la porte est ornée d'une corniche et de figures égyptiennes. A gauche de la porte, on a sculpté de plein relief et de grandeur naturelle un personnage à tête rase, vêtu de la toge et brûlant de l'encens sur un autel. Le même personnage reparaît deux fois à l'intérieur sur les parois latérales de l'oratoire ; il y est représenté remplissant le même acte et menant devant lui un enfant qui tient des colombes. Cet hommage et ces offrandes s'adressent aux dieux *Amon-générateur*, *Phré*, *Thoth*, *Atmou*, reconnaissables à leurs coiffures symboliques ; les inscriptions peintes qui devaient les accompagner n'existent plus. Ces divinités occupent trois parois de l'oratoire ; la quatrième, du côté de l'entrée, est remplie par le groupe répété d'une déesse nourrice (Isis ou Hathor) allaitant un jeune dieu, allusion par laquelle on désignait ordinairement les princes nouveau-nés. Si l'absence d'inscriptions nous laisse ignorer le nom et la qualité de l'enfant dont ce monument rappelait la naissance, on ne peut du moins douter qu'il ne fût d'origine romaine et peut-être de sang royal. Il ne lui manquerait que les insignes de la royauté pour être le jeune Césarion, fils de Cléopâtre ; mais rien d'ailleurs ne permet de s'arrêter à cette dernière conjecture.

Tout à côté de la chapelle votive et sur la même face du rocher, on voit une figure de femme sculptée en ronde-bosse, de grandeur naturelle et qui rappelle, par l'absence de tout vêtement comme par la pose et le gracieux mouvement du corps, les beaux types grecs de Vénus Anadyomène. Cette figure, bien que mutilée dans toutes ses parties, révèle encore la beauté de ses formes et l'œuvre d'un artiste habile. On lit de chaque côté ces mots grecs déjà reproduits dans la grande description de l'Égypte (1) : ΓΡΑΜΜΑΤΑΑΧΡΗΜΑΤΙΣΤΟ ΣΕΣΣΗ.

Une circonstance particulière doit être ici rapportée, parce qu'elle me semble rendre raison de l'intention première des monuments dont je viens de parler; c'est que de nos jours la figure dont il s'agit, en vénération dans le pays, est, ainsi que la chapelle voisine, le but d'un pèlerinage où se rendent les femmes affligées de stérilité. Cet usage, de tradition fort ancienne, explique aussi l'état de conservation des sculptures de l'oratoire et le poli du rocher qui forme le seuil et les avenues périlleuses du monument. On n'y arrive, en effet, qu'après avoir escaladé les ressauts d'une roche abrupte et suivi des

---

(1) Chap. XVI, § 1ᵉʳ.

saillies étroites que leur poli rend plus dangereuses encore.

Au-dessous et sur la gauche de l'oratoire, sont les restes de plusieurs excavations plus ou moins grandes et n'offrant plus aucune trace de décoration. L'une d'entre elles avait un pronaos soutenu par des colonnes à tête d'Hathor; il en est parlé dans la grande description de l'Égypte, ainsi que de l'autre spéos situé vers le nord et dont il me reste à dire quelques mots.

Cet hypogée n'a, pas plus que l'oratoire, conservé la trace des hiéroglyphes peints qui accompagnaient les dieux sculptés sur ses parois. Ces figures elles-mêmes ont beaucoup souffert par la mutilation et par les excavations funéraires qu'on a ultérieurement pratiquées dans ses diverses parties; mais on peut reconnaître à leurs coiffures et à leurs attributs la plupart des divinités qui ornaient ce monument, ce qui aidera à faire connaître le mythe religieux de l'endroit. Ces dieux sont : *Amon* et ses diverses formes, *Chons*, *Thoth*, *Sévek*, *Phré*, *Atmou*, et les déesses *Nephthys*, *Neith*, *Hathor*.

La façade de ce spéos, où l'on arrive par un escalier ménagé dans le roc, était décorée de deux colonnes en pilastre imitant un faisceau de lotus, et d'une corniche avec couronnement d'uræus. Quoique les sculptures de ce spéos soient fort dégradées, on peut juger par leur style qu'elles ne sont pas antérieures au temps de la domination grecque.

Enfin, les nombreuses excavations funéraires creusées des deux côtés de la vallée qui s'ouvre derrière l'ancienne ville, appartiennent aux époques grecque et romaine; leur disposition intérieure ne permet pas d'en douter, et l'on trouve encore, à l'entrée de quelques-unes, des restes d'inscriptions et de noms grecs. Les débris d'ossements et de langes empreints de bitume qui jonchent le sol, prouvent ici, comme en bien d'autres lieux de l'Égypte, que l'usage d'embaumer les morts s'est conservé longtemps encore après la destruction du culte égyptien. Quant aux ruines de la ville, elles n'offrent qu'un vaste monceau de décombres rougis par le feu, et quelques blocs en pierre blanche indiquant la place des édifices qui l'ornaient jadis.

Sur la même rive du fleuve, et à peu près vis-à-vis de Minieh, commence une suite de carrières et d'excavations antiques connues et décrites sous les noms de *Saouadeh, Zaouyet-el-Mayeteyn, Koum-el-Ahmar*. On rencontre sur tout cet espace des monticules plus ou moins étendus appelés *butte rouge* (*Koum-el-Ahmar*). Ce qu'ils offrent de remarquable, c'est l'énorme quantité de fragments d'albâtre travaillé qui partout couvrent le sol et forment presque la partie constitutive des décombres. Auprès de Zaouyet-el-Mayeteyn, ces débris amoncelés s'élèvent en collines et bordent tout le pied de la montagne; ils annoncent l'industrie particulière de ces lieux, ainsi que le voisinage d'*Alabastron*. Il n'y a plus rien à découvrir dans ces parages, depuis longtemps explorés; mais en parcourant un peu plus loin les hypogées d'un autre *Koûm-ahmar* (1), j'ai trouvé l'entrée de deux tombes malheureusement inachevées, mais portant, sur le bandeau de leur porte, l'une, le cartouche présumé d'Apophis; l'autre, celui d'un roi non moins ancien et qui figure parmi les ancêtres de Mœris dans une petite chambre du palais de Karnac, où je l'ai reconnu (2).

Les vieux et riches tombeaux de Bény-Hassan n'ayant rien qui n'ait été vu ou copié par Champollion, je ne m'y suis arrêté que pour saluer

(1) Visité par Champollion le jeune.
(2) Il répond au N° 50 de l'ouvrage de M. Rosellini.

une ancienne connaissance. Bény-Hassan était le théâtre de notre première campagne hiéroglyphique ; et le souvenir des quinze jours de labeur que j'y avais passés en compagnie de l'illustre savant et de douze dessinateurs, m'ôtait, je l'avoue, le désir d'éplucher encore une fois ces respectables monuments. Cependant je les ai revus pour l'acquit de ma conscience ; mais j'ai borné mes conquêtes aux mesures exactes et à quelques notes concernant les colonnes qui soutiennent les portiques de ces hypogées. Ces colonnes à seize pans cannelés avec architraves et denticules bien caractérisés, font des monuments de ce style l'incontestable archétype du dorique grec.

On cherche vainement dans les montagnes de Cheik-Abadeh les grottes sépulcrales des anciens habitants de *Bésa* et d'*Antinoé*. Les immenses travaux d'excavations dont ces montagnes sont criblées sur un espace d'environ deux lieues, ne sont que les vastes carrières d'où est sortie la ville romaine, avec quelques grottes et puits funéraires sans importance. On peut croire, d'après cela, que les habitants d'Antinoé étaient inhumés, non pas dans la montagne, mais dans cette partie de la plaine qui s'étend vers le sud-est, entre l'ancien hippodrome et le pied de la chaîne arabique, espace que couvrent aujourd'hui les tombeaux musulmans. La proximité des tombeaux et de l'hippodrome est bien, d'ailleurs, dans l'esprit des Grecs et des Romains, dont le mythe funéraire renfermait tant d'allusions aux courses de chevaux et de chars (1).

Malgré leur étendue, les carrières d'Antinoé n'approchent pas de ce qu'on voit en ce genre derrière les villages de Deyr situés à trois lieues au sud de Cheikh-Abadeh. Il n'y a qu'une ville très-grande et très-ancienne qui ait pu, après une longue suite de siècles, laisser de pareilles traces d'exploitation, et le voisinage d'*Hermopolis-Magna*, les besoins de toutes les bourgades qui l'environnaient, expliquent à peine une telle consommation de matériaux, surtout si l'on considère que les bâtiments publics et les temples étaient seuls construits en pierre, tandis que les habitations et les édifices ordinaires étaient de briques. Ces carrières occupent deux gorges profondes de la montagne arabique; les plus septentrionales n'ont de remarquable que leur nombre et leur étendue ; mais les autres, auxquelles on arrive après avoir traversé trois quarts de lieue de plaine et le vaste cimetière chrétien de

---

(1) Voyez, entre autres documents relatifs à ce sujet, l'intéressant travail de M. Lebas, inséré dans l'ouvrage sur la Morée.

Deyr-Naçarah (1), sont plus intéressantes ; on y trouve une stèle portant la date de l'an XXXII du pharaon Thouthmosis IV (Mœris) (2).

Il existe sur le même point un assez grand nombre d'hypogées funéraires très-anciens, mais presque tous dépourvus de sculptures ; plusieurs d'entre eux qui étaient décorés, sont aujourd'hui brisés et ensevelis sous un écroulement de la montagne ; un seul, échappé au désastre, offre un intérêt tout particulier. La chambre et le portique qui le composaient sont disjoints et déformés par de profondes crevasses ; le pla-

---

(1) Ce lieu est indiqué par M. Wilkinson sous le nom de *Bersché* ; mais ce dernier endroit se trouve plus au sud.

(2) La position des carrières de Deyr a cela de remarquable, qu'elles se trouvent dans la partie supérieure de la montagne, et que leurs ouvertures sont tellement rapprochées de la pente presque abrupte de la montagne, que plusieurs d'entre elles sont maintenant inaccessibles. Après leur extraction du rocher, les blocs de pierre étaient amenés au bord de la carrière et précipités au bas de la montagne, où ils arrivaient par une chute verticale ou par une pente rapide. On reconnaît encore les traces de leur passage à une longue traînée partant de l'ouverture de chaque carrière. Celles-ci étaient divisées par portions appartenant sans doute à des propriétaires différents, et l'entrée de chacune d'elles était limitée à droite et à gauche par un mur de démarcation servant à distinguer l'une de l'autre chaque exploitation particulière.

fond, partie tombé, partie soutenu par le seul équilibre, paraît n'attendre pour s'écrouler qu'une goutte de pluie ou la visite d'un voyageur. Ce monument, curieux à la fois par son antiquité, par les sujets qui le décorent et leur précieux fini, appartenait à un intendant des chasses ou grand veneur nommé Thooùt-Otph et qui fut le père d'Osortasen II. Cette dernière circonstance est un nouveau fait acquis à l'histoire des dynasties égyptiennes; elle est mise hors de doute par la lecture des inscriptions qui accompagnent la figure du roi (A). Le pharaon est plusieurs fois représenté, marchant à la suite du défunt, ainsi que

Légende de Thooùt-Otph.

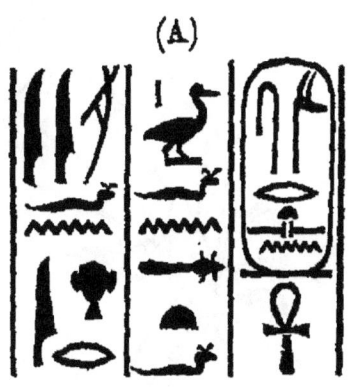

Légende d'Osortasen.

ses frères également fils de Thooùt-Otph; comme

48 DEUXIÈME LETTRE.

eux, il figure au second rang avec ce titre : *Fils du germe de lui* ; mais il se distingue par le cartouche qui renferme son nom (1).

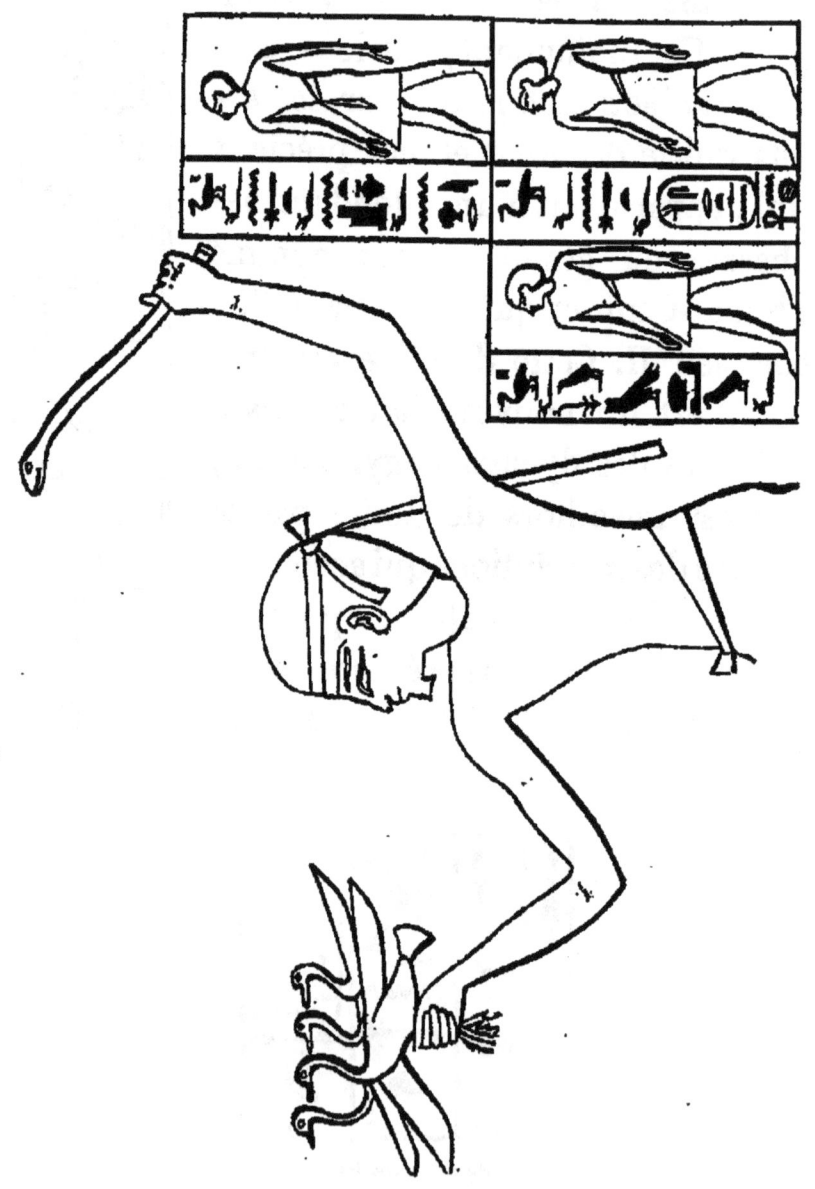

(1) On remarquera la forme de serpent donnée au bâton

Dans le même tombeau est un grand bas-relief peint qui représente le transport d'une statue colossale de Thooût-Otph. Une centaine d'hommes est occupée à tirer la statue au moyen de cordages fixés au siége et au traîneau sur lequel on la fait glisser. Un homme debout sur les genoux du colosse donne le signal en frappant des mains; un autre placé vis-à-vis reproduit le signal au moyen de deux cymbales de bronze, et règle de cette manière les efforts des travailleurs. Un troisième ouvrier, debout à l'avant du traîneau, répand sur la voie de l'eau que lui fournissent des porteurs rangés à ses côtés. En tête du cortége marchent, par pelotons, des soldats portant des branches de palmier; des officiers armés du bâton de commandement suivent le colosse et veillent à l'ordre de cette solennité (1).

Des barques couvertes de tentes et peintes avec le plus grand soin, des bœufs parés pour le

---

dont le défunt se sert pour assommer les canards qu'il tient de l'autre main. On voit dans quelques collections d'antiquités égyptiennes des têtes de serpent en bronze, autrefois emmanchées à des bâtons destinés à servir de massue pour cet usage.

(1) M. Wilkinson, dans son dernier ouvrage, *Manners and customs*, etc., a donné une petite réduction de ce tableau.

sacrifice, des scènes de chasse et de pêche exécutées avec une rare finesse, complètent la décoration de ce curieux tombeau, que je regrette de ne pouvoir ici décrire dans tous ses détails. Je rapporte de ce monument un choix de dessins qui pourront en donner une idée et dédommager autant que possible la science de la destruction imminente de l'original.

Les hypogées, comme les carrières de Deyr, étaient dépendants de la ville de Schmoûn (Hermopolis-Magna); la stèle de Thouthmosis suffirait pour l'attester relativement aux carrières, et l'on sait par un passage du martyrologe d'Épime que cette grande ville avait son port sur le Nil, et qu'on transportait les corps embaumés de l'une à l'autre rive. J'ajoute qu'encore aujourd'hui les morts chrétiens et musulmans de la rive gauche sont inhumés dans la plaine sablonneuse de la rive droite.

Toutefois, le nombre des hypogées funéraires existant auprès de Deyr est loin de répondre à la population et à la longue durée de l'existence d'Hermopolis. Il y a toute apparence que ces tombeaux appartenaient à des classes privilégiées, tandis que le commun des habitants était inhumé près de la ville même, et en effet, la partie septentrionale des ruines d'Achmouneyn présente des amas considérables d'ossements humains et des restes d'embaumement qui autorisent cette conjecture.

A deux lieues vers le sud de Deyr sont d'autres hypogées désignés par les noms modernes de *Bersché* et *Deyr-abou-fâm*. J'ai extrait de ces tombeaux ce qu'ils peuvent offrir d'intéressant, notamment deux cartouches très-anciens suivis du titre *Prophète* ou *grand prêtre*, et le nom

déjà signalé d'Apophis; mais j'ai hâte, Monsieur le ministre, d'arriver aux hypogées d'El-Tell et de vous faire connaître ces curieux monuments. J'aurai l'honneur de vous en rendre compte dans ma première lettre, qui suivra de près celle-ci.

Agréez, etc.

Fragment d'un bas-relief de Berschè.

TROISIÈME LETTRE.

A MONSIEUR LE MINISTRE SECRÉTAIRE D'ÉTAT
DE L'INSTRUCTION PUBLIQUE.

Qéneh, 23 février 1839.

Monsieur le ministre,

Il me tardait d'arriver aux hypogées d'El-Tell (*Amarna*), monuments presque inconnus et cependant fort remarquables par leur haute antiquité, leur style et le genre de leur décoration, qui les distingue de tous les autres monuments de l'Égypte.

Ces hypogées sont situés dans la montagne arabique, à une lieue et demie de la ville ancienne que la commission d'Égypte nomme *Psinaula*, d'après les itinéraires, et que d'autres veulent être Alabastron (1).

(1) Telle est l'opinion de M. Wilkinson, qu'il appuie du seul voisinage d'une carrière d'albâtre située dans la vallée

Les grottes sont au nombre de douze ; six d'entre elles sont restées à l'état d'ébauche ; les six autres, plus ou moins achevées, ont été décorées de sculptures peintes dont les sujets méritaient à tous égards d'être recueillis et étudiés. Je dépasserais les bornes d'une simple lettre si j'essayais de décrire avec détail ces curieux monuments ; mais je puis, sans trop m'étendre, vous faire connaître ce qu'ils ont de plus remarquable.

Le mythe religieux de ces hypogées, bien qu'ils soient funéraires, n'offre aucune des images habituelles aux tombeaux ; Osiris, Isis, Tmé, Nephthys, Anebo et les autres dieux de l'Amenti ne figurent point ici ; une seule divinité s'y présente, et sous une seule forme : c'est le dieu Soleil, représenté par un disque d'où partent de

---

qui s'ouvre sur la plaine et passe derrière la montagne où sont les grottes de Tell-Amarna. Mais cette opinion s'éloigne trop des probabilités pour pouvoir être admise. On a vu plus haut, page 43, que l'immense quantité de débris d'albâtre travaillé qui se trouve auprès de Zaouyet-el-Mayeteyn rendait beaucoup plus vraisemblable de ce côté le voisinage d'Alabastron, dont la position, d'ailleurs, indiquée par Ptolémée comme étant à une assez grande distance dans le désert, a été déterminée de la manière la plus probable par M. Jomard, dans sa description de l'heptanomide. (*Descr. de l'Égypte*, ch. XVI, § v.)

nombreux rayons terminés par autant de mains. Ces mains semblent, les unes, accepter les offrandes placées sur des autels, les autres, protéger les personnages royaux qui adressent au dieu leur hommage. Une seule légende, et toujours la même, accompagne le disque solaire ; elle se traduit ainsi : ATNRA ou ETENRÉ *dans la montagne solaire*, ATENRA, *seigneur du ciel, seigneur des panégyries;* ATENRA, *qui réside dans la montagne solaire.* Cette inscription n'est susceptible d'aucun autre sens; d'où l'on peut conclure que *Etnré* ou *Atnra* était le nom mystique de la divinité dont le disque solaire était l'emblème. Cette forme rayonnante et symbolique est le plus ancien et l'unique exemple d'un essai de personnification de la divinité, qui fait voir que le culte primitif du Soleil était beaucoup plus restreint dans son acception.

Quant aux personnages royaux qui adressent leurs offrandes à la divinité, on les voit presque toujours accompagnés de cinq cartouches, dont deux, et les plus grands, paraissent renfermer, comme le pense M. Rosellini, le nom et les attributs du Soleil, qui était spécialement révéré à Psinaula. On les voit, en effet, placés auprès de la légende du Soleil; mais ce qui pouvait donner des doutes sur la véritable intention de ces deux premiers cartouches, c'est qu'ils sont également, et presque toujours, réunis aux cartouches réellement royaux. Ceux-ci, au nombre de trois, appartiennent, deux au roi, et le troisième à la reine, qui toujours vient après lui. Il est à remarquer que le mot *Atnra* forme l'élément principal des noms contenus dans ces cartouches, et qu'ainsi la légende du dieu et celle du prince offrent cette continuelle répétition d'un nom commun à la divinité, au roi et même à la reine, car celle-ci porte également le nom d'*Atnra*, plus la qualification de *dame quatre fois bonne*, *Nofraït*, avec le titre d'*épouse royale*. Quant au nom propre du roi, il se complète par trois signes qui peuvent se prononcer *Bechn* ou *Bakhn*. On serait tenté de voir là le *Bœon* des chronographes, ou encore mieux l'*Apachnas*, si l'on pouvait s'en tenir à de simples analogies. Le cartouche-prénom dont on a la transcription copte, ne résout pas la difficulté relativement à la place qu'il doit occuper dans la liste des anciens rois d'Égypte, et le défaut de monuments dont la critique puisse faire un rapprochement utile, permet tout au plus des conjectures à ce sujet (1).

(1) Il est fait mention plus bas d'une stèle du même roi, donnant une date de l'an VI de son règne. (Voyez la cinquième lettre, sur Toûn-el-Gebbel.) Le dessin qu'on voit à la page 59, ci-après, représente une partie de cette stèle. Voyez aussi la note additionnelle (sixième lettre).

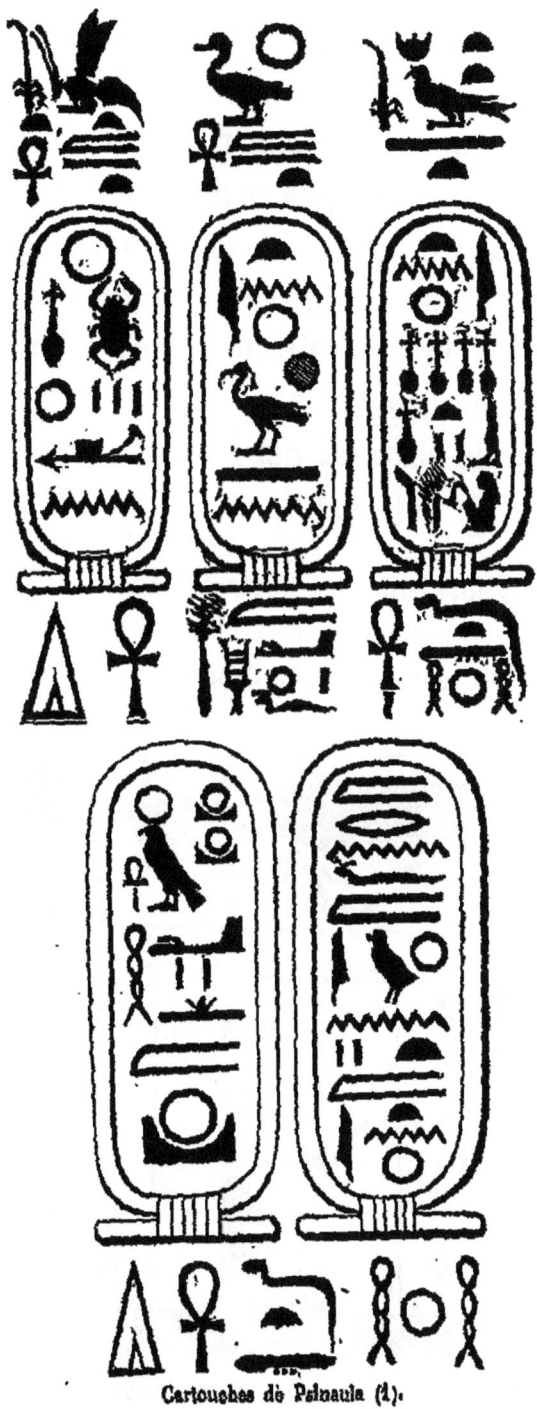

Cartouches de Psinaula (1).

(1) Ces légendes doublées ornent les tympans qui existent

58 TROISIÈME LETTRE.

On voit reparaître dans tous les hypogées d'El-Tell la même famille royale, les mêmes légendes et un cortége à peu près semblable, et il est à remarquer que ce cortége présente un concours de femmes qui n'est pas ordinaire dans les compositions de ce genre. Il est à observer encore que le sculpteur a donné à la figure du roi des contours tellement saillants, une telle exagération de formes, qu'on pourrait en concevoir des doutes sur le sexe du personnage ; l'absence des

au-dessus des corniches des portes, et auxquels l'inclinaison des plafonds donne de la ressemblance avec des frontons, comme on peut le voir par ce dessin :

Coupe d'un hypogée d'El-Tell Amarna.

traits du visage, qui sont partout mutilés, ajouterait à l'incertitude, s'il n'était plus rationnel d'attribuer cette particularité au goût de l'artiste ou de son époque. Le même système de contours caractérise les figures de la reine et des princesses qui la suivent; il a quelque chose de maniéré et d'insolite qui frappe à la première vue.

Je viens au sujet des sculptures qui ornent les

parois intérieures de ces monuments. Dans les scènes les plus remarquables, le roi paraît sur un char tiré par deux chevaux qu'il dirige lui-même, armé d'un fouet. Le disque du Soleil projette sur la personne royale ses rayons protecteurs, qui s'étendent également sur la reine et sur les princesses leurs filles ; celles-ci sont, comme le roi, montées sur des chars, ainsi que les dames qui les suivent. Des troupes de soldats courent en avant du cortége, d'autres s'avancent sur les côtés ; puis viennent les scribes et autres fonctionnaires ; puis un grand mouvement de chevaux et de chars, les uns montés par les dames de la cour, portant ombrelles et chasse-mouches ; les autres, conduits par des officiers ou retenus par des serviteurs qui attendent leurs ordres. A la suite, viennent des porteurs chargés d'offrandes diverses et conduisant des bœufs couverts de housses, ornés de bandelettes pour le sacrifice ; la marche est fermée par des groupes de prisonniers de différentes nations, enchaînés ou portant de riches tributs.

Le cortége royal, sorti du palais, se dirige vers le temple où l'attendent les prêtres dans l'attitude d'un profond respect. Là, devant un autel chargé d'offrandes, le roi élève l'encensoir vers le disque rayonnant du dieu Phré, dont les mains s'étendent à la fois sur la personne royale, sur la reine et ses filles qui assistent à la solennité. Plus loin, sur un autel disposé en tribune, le roi et la reine, vus à mi-corps et inclinés vers les assistants, semblent leur adresser un discours et distribuer des colliers d'honneur. Enfin, du milieu d'une foule prosternée le visage contre terre ou profondément inclinée, un grand prêtre debout, la tête et les bras élevés vers le ciel, invoque le dieu du jour et appelle sur l'assemblée sa divine protection. Peu de monuments de l'antiquité figurée offrent un tableau où le sentiment religieux soit exprimé avec plus de mouvement et d'élévation.

Des scènes analogues se présentent dans d'au-

Prise des colliers.

tres parties des hypogées, celle de la distribution

et de la prise des colliers est plusieurs fois reproduite, ainsi que l'autel en tribune d'où le roi parle aux assistants; mais la barbarie s'est particulièrement attachée à détruire cette partie de la décoration, et bien qu'elle se retrouve au moins une fois dans chaque tombeau, il est à peu près impossible d'en faire une restitution complète. Un autre, ou peut-être le même genre d'autel représenté sous un aspect différent, se trouve encore parmi ces sculptures, et explique les constructions analogues, dont une, entre autres, subsiste encore en partie à l'extrémité nord des ruines de Karnac. Cette espèce d'autel représente un massif quadrilatère auquel on montait par un escalier à rampe douce. Sur la plate-forme s'élèvent en pyramide des offrandes de toute espèce, ou bien un prêtre s'y montre dans une attitude d'adoration. C'est là aussi qu'on procédait, selon toute apparence, à l'immolation des victimes dans les grandes solennités, et à d'autres rites dont le souvenir s'est perdu.

Parmi les constructions qui environnent ou précèdent ces autels et qui appartenaient au temple, on remarque de nombreux portiques décorés des statues en pied du roi et de la reine, des colonnades et quantité de portes ou propylées. Enfin, l'entrée principale s'annonce, dans un de ces bas-reliefs, par un grand pylône de-

vant lequel s'élèvent dix mâts ornés de banderoles.

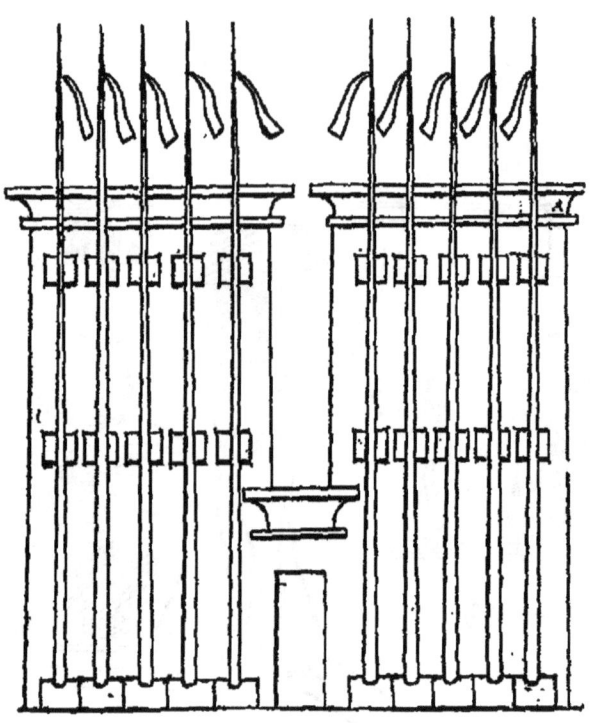

Des portes, des colonnades sans fin, d'innombrables salles et cabinets remplis de vases et d'offrandes diverses, font voir la disposition intérieure et la richesse des édifices sacrés.

Des détails non moins intéressants nous font connaître la distribution et en quelque sorte le plan à vol d'oiseau des palais du roi; les portiques et les propylées qui y donnaient accès; les chambres intérieures, magasins et offices; les cours, jardins, réservoirs; enfin tout ce qui composait l'ensemble d'une demeure royale. Il est à regretter que l'état de dégradation où se trouvent quelques parties de ces sculptures, ne permette pas d'en avoir des copies tout à fait exemptes de lacunes; mais tels qu'on peut les obtenir, ces détails sont intéressants, et l'on ne doit regretter ni les efforts ni le temps qu'il a fallu mettre à ressusciter, pour ainsi dire, l'intention du sculpteur à travers les accidents d'une pierre corrodée par les siècles, enfumée ou martelée par les barbares.

Dans un des tableaux dont il s'agit, on a représenté la foule du peuple envahissant les avenues du temple et se précipitant vers les portes comme pour s'en disputer l'entrée. Cette scène de mouvement et de désordre est rendue avec une naïveté et une énergie remarquables. Les hommes et les femmes se battent avec fureur, les uns sont jetés en l'air, d'autres foulés aux pieds; des femmes, dégagées de la mêlée, se ré-

jouissent et sautent un pied levé, les mains sur les côtés comme les paysannes de Teniers.

Cette curieuse composition rappelle d'ailleurs le récit qu'Hérodote nous fait des désordres qui avaient lieu aux fêtes de Bubaste et de Bouto.

Plusieurs détails des sculptures d'El-Tell m'ont particulièrement frappé sous le rapport de l'art, et peuvent donner une idée de la grâce que, parfois, le dessinateur savait donner à la pose de ses figures, sans même s'écarter du principe fautif et de

l'absence de raccourcis qui caractérise l'art égyptien. Telle est une belle figure de la reine assise dans un fauteuil et tenant d'une main une fleur de lotus, de l'autre une coupe que remplit une dame de service (1). La mollesse, l'abandon gracieux de cette figure suffirait, à défaut d'autres témoignages, pour démentir l'opinion qui veut que tout soit roide et sec dans l'art plastique des Égyptiens. Du reste, l'histoire de cet art est encore à faire, et les monuments d'El-Tell lui fourniront, ainsi que les hypogées de Qournah, les éléments les plus variés et les plus précieux. Le style général des hypogées d'El-Tell, à part l'exagération des formes remarquée aux figures des personnages royaux, semble indiquer la plus belle époque de l'art égyptien. Les hiéroglyphes sont parfaits, et rien n'égale la pureté et la finesse des contours de la plupart des figures qui décorent ces monuments. Dans un des bas-reliefs où le roi, assis sur un trône, est porté en palanquin, on voit marchant à ses côtés, un lion

---

(1) J'ai nommé la reine, mais si l'on doit s'en rapporter uniquement à la signification des cartouches placés au-dessus de sa tête, il faudrait reconnaître le roi dans cette figure, toute féminine qu'elle soit. Du reste, nous n'avons pas encore le dernier mot sur l'espèce de bilogie que semble offrir le personnage royal dont il s'agit. Dans l'original, les deux cartouches du roi sont accolés à celui de la reine; on peut donc au moins douter lequel des cartouches du roi ou de celui de la reine se rapporte à cette figure.

dont le style et l'exécution feraient envie à l'artiste le plus habile; les formes des vases, des meubles et autres objets; le luxe architectural, la richesse des décorations, tout enfin égale et souvent surpasse ce que l'art a produit de plus parfait sous les dix-huitième et dix-neuvième dynasties. Je dois signaler encore, au nombre des particularités de ces hypogées, un ornement d'architecture qui ne nous était connu que par les Grecs et qu'on voit ici tel qu'ils ont dû l'emprunter à l'Égypte : c'est une suite d'*oves* accompagnés de leurs chevrons et placés au-dessous du bandeau ou architrave d'un naos que soutiennent des colonnes à fleur de lotus. On contestait le protodorique de Bény-Hassan : que dira-t-on de ce nouveau fait acquis à la priorité des Égyptiens? Deux peuples ne se rencontrent pas ainsi sur plusieurs points à la fois, et il faut nécessairement que l'un ait emprunté à l'autre (1).

On retrouve aussi, dans les sculptures de ces hypogées plus que partout ailleurs, les indices de cette architecture en bois à colonnes grêles, à ornements légers, qui paraît caractériser les plus anciennes époques de l'art chez les Égyptiens.

(1) V. les dessins placés à la page 66 et en note de la cinquième lettre.

Architecture en bois.

Quant à l'époque, jusqu'à présent inconnue, des hypogées d'El-Tell, il n'est peut-être pas impossible de poser les limites probables entre lesquelles elle doit être comprise. La haute antiquité de ces monuments, d'abord, ne peut être contestée, car on trouve à Karnac, dans les matériaux du pylône d'Horus, des pierres qui ont appartenu à de grands édifices construits sous le règne et au nom du prince dont les cartouches se voient à El-Tell. Les mêmes légendes, le même personnage et le disque rayonnant du Soleil, donnent à ce rapprochement toute la certitude désirable. Or, la dix-huitième dynastie, qui est la mieux connue relativement à la succession de ses rois, n'offre point de lacune entre Horus et le chef de cette même dynastie ; c'est donc en dehors qu'il faut placer le règne du prince inconnu, c'est-à-dire au moins 1800 ans avant l'ère chrétienne; et, d'après les données admises jusqu'ici, on peut faire remonter ce règne bien au delà de l'invasion des pasteurs. Un fait à observer dans les hypogées d'El-Tell m'avait semblé d'abord déposer contre cette antériorité. Je veux parler de ces figures de captifs, à barbe

pointue, cheveux pendants et à robes longues, les bras attachés derrière le dos; figures dont les Égyptiens avaient fait le type de la nation barbare connue sous le nom de *Hykschos*, qui s'était emparée de l'Égypte et l'avait opprimée pendant long-temps. Ces figures si fréquentes sur les monuments de la dix-huitième dynastie et que les Égyptiens peignaient jusque sur les semelles de leurs sandales, on les voit aussi à El-Tell où elles ornent la face d'un des autels dont j'ai parlé plus haut.

Il suffirait donc, pour reporter ces monuments à une époque antérieure à l'invasion des pasteurs, d'admettre qu'avant ce dernier événement, le plus mémorable dont l'histoire de l'Égypte ait gardé le souvenir, d'autres invasions des mêmes peuples avaient déjà eu lieu en Égypte, et fourni aux arts le type consacré des figures dont il s'agit (1).

(1) Depuis la rédaction de cette lettre, diverses considérations m'ont non-seulement confirmé dans l'idée que les monuments d'El-Tell sont antérieurs à la fameuse invasion des pasteurs de la dix-septième dynastie (les matériaux du pylône de Karnac suffisent d'ailleurs pour le prouver); mais j'aurais même incliné à croire que leur époque pouvait être considérablement reculée dans l'antiquité, d'après les remarques suivantes : « En considérant que le dieu Soleil est toujours, sur les monuments d'El-Tell, accompagné d'un double cartouche royal qui renferme ses titres et qualifications, on pourrait reconnaître, à ce seul caractère, le culte, la légende, et conséquemment l'époque d'un dieu *dynaste*, c'est-à-dire, d'une des divinités au nom desquelles la caste sacerdotale gouverna l'Égypte, avant qu'un chef militaire, devenu puissant, entreprît de disputer à la caste hiératique le pouvoir qu'elle avait jusque-là possédé sans partage. La réunion continuelle et presque inséparable, sur les monuments d'El-Tell, des légendes du roi et de celles du soleil, indiquerait que ce roi, usurpateur, comme le prouverait la mutilation de son nom et de son image, se serait

Les prisonniers cités plus haut ne sont pas les seuls qu'on remarque ici; on en voit d'autres encore, marchant par files à la suite du roi, et caractérisés de la même manière que ceux qui ornèrent les triomphes de Ménephtah, de Rhamsès le Grand, de Méiamoun. Ils sont attachés par le cou, et leurs mains sont prises dans des menottes en bois de la même forme que celles dont le gouvernement égyptien fait encore usage pour conduire les malfaiteurs aux galères et les nouvelles recrues à l'armée. Les vêtements, la coiffure, la physionomie de ces captifs, présentent un caractère évidemment asiatique et qui contraste avec le type africain dont on voit aussi

emparé de la puissance souveraine, à cette même époque où les prêtres du soleil régnaient encore au nom du dieu; il aurait voulu sanctifier en quelque sorte son usurpation, en accolant son nom à celui du dieu dynaste, et en formant du nom mystique d'*Atenra* l'élément principal de sa propre légende et de celle de la reine.

« On pourrait, d'après cela, considérer notre roi de Psinaula comme ayant, antérieurement aux dynasties royales, tenté ce déplacement du pouvoir que, plus tard, Ménès réussit à accomplir et à fixer d'une manière définitive. »

Mais une telle opinion serait, du moins en ce moment, trop conjecturale pour qu'il fût permis de s'y arrêter, et je ne l'énonce que comme élément de discussion, dans le cas où des faits nouveaux viendraient à se produire dans le même sens.

dans les mêmes hypogées des exemples bien caractérisés. Ces derniers paraissent également chargés de chaînes ou portant les divers produits de leur pays, dents d'éléphants, bois et meubles précieux, anneaux d'or; ils conduisent aussi des animaux, tels que gazelles et antilopes, panthères, singes. Enfin, on trouve à la fois dans ces monuments des sujets reproduits à des époques moins anciennes, et une foule de particularités qu'on n'avait encore observées sur aucun autre monument de l'Égypte. Le costume offre également ici une différence caractéristique et dont il n'y a d'exemples que dans un petit nombre d'hypogées de Thèbes, lesquels appartiennent aux époques très-anciennes. Le même costume paraît encore dans quelques statues funéraires, soit debout, soit agenouillées, qu'on doit reporter à ces temps reculés. Cette différence dans la mode est également un fait à signaler.

Les mœurs sociales du temps semblent, aussi bien que le costume, différer des époques suivantes; et l'on remarque dans certaines poses fréquemment reproduites, un caractère d'humilité qui ne se rencontre guère sur d'autres monuments moins anciens. Ici, en effet, autour des autels, en présence du disque solaire, autour des personnages royaux, on voit les hommes courbés dans l'attitude d'un profond respect;

d'autres même sont prosternés la face contre terre ; mais cette position paraît avoir été plus ordinairement réservée aux peuples étrangers, comme j'ai pu le reconnaître à El-Tell aussi bien qu'à Thèbes, dans un hypogée qui me paraît appartenir à ces temps reculés, à en juger par l'analogie de costume et de poses qu'on y remarque.

Les six hypogées d'El-Tell, exécutés à la même époque, comme l'atteste l'identité des cartouches qui y sont gravés, appartenaient à des fonctionnaires attachés au service de la famille royale; les uns étaient scribes, *basilico-grammates*, les autres hérauts d'armes et porte-éventail : ces derniers portent en sautoir la hache et la plume d'autruche, insignes de leurs charges. Enfin, deux de ces tombeaux, et ce ne sont pas les moins intéressants, ont été sculptés au nom de dames du palais attachées au service de la reine. Les divers sujets des scènes figurées dans ces tombeaux ont effectivement rapport aux fonctions de ces personnages. Ici, les dames dont il est question avaient la direction du buffet, des plaisirs de la cour, et d'autres attributions qui se reconnaissent par les scènes où elles sont représentées remplissant les différents actes de leurs charges (1).

(1) On voit, par le dessin placé à la page 66, une de ces femmes versant à boire à la reine.

TROISIÈME LETTRE.

Scribe royal (1).

(1) Voici le sens de la légende qui accompagne ce personnage :

Le scribe royal (basilico-grammate) *aimé de la vérité*

La destination funéraire de ces monuments est mise hors de doute par les puits, escaliers et conduits souterrains aboutissant à des caves sépulcrales, et par les statues assises des défunts sculptées en ronde-bosse au fond des hypogées, quand ces derniers ont été achevés. D'ailleurs ces monuments avaient un but religieux moins restreint; c'étaient, comme sont aujourd'hui les mosquées qui renferment le tombeau de leur fondateur, des lieux de prière où l'on se rendait au moins à certaines époques de l'année. Cette fréquentation est prouvée par de larges chemins parfaitement alignés et dont la trace est encore bien reconnaissable, malgré le laps des siècles et les pluies qui ont, en différents temps, balayé le sol. Ces chemins, qui se croisent dans la plaine sur deux directions, partaient, les uns de la ville principale, les autres d'une seconde ville dont les ruines, presque aussi étendues que celles de Psinaula, sont situées vers le nord, entre le Nil et la montagne qui sur ce point en est voisine. Cette seconde ville avait, comme

(Tmé), *porte-victoire, ou altophore à la gauche du roi ;* (mourr) *préposé en chef aux édifices du palais d'*Atenra Bachnan, *pour la longue durée de ses jours,* Ahmès le Juste, etc. — Je ne donne ici qu'une partie de l'inscription qui occupe dix colonnes entières, et qui a pour sujet des invocations et formules de prières.

l'autre, une large rue, des rues transversales à angle droit, des pylônes en briques et de grands édifices construits sur un plan régulier. Il y avait aussi du même côté, vers le pied de la montagne, un assez grand nombre de puits funéraires, mais tous sont maintenant comblés. Entre ces deux villes séparées l'une de l'autre par un espace d'environ deux lieues, on trouve encore des buttes de décombres et les restes de murailles qui annoncent l'existence d'une troisième bourgade. Enfin, vers l'angle le plus septentrional de la montagne, après le santon (1) nommé *Scheikh-Saïd*, sont les restes d'un long mur en briques crues construit sur la limite des rochers et du sol cultivable. Les vestiges de ce mur s'étendent fort loin au nord, et se perdent à peu près vers les hypogées de Deyr-abou-fâm et de Bersché que j'ai mentionnés dans ma précédente lettre.

Je terminerai ici, Monsieur le ministre, mes observations sur les antiquités de Psinaula. Quoique fort abrégés, ces renseignements suffiront pour vous faire apprécier l'intérêt que présentent les monuments dont j'ai parlé. Persuadé que leur étude approfondie devait apporter de

---

(1) On désigne dans le pays, sous le nom de santons, de petits édifices surmontés d'une coupole et qui renferment les restes de quelque saint.

nouvelles lumières sur l'histoire de l'art et des institutions de l'Égypte, je n'ai pas hésité à en entreprendre la copie tout entière. La collection de dessins recueillis sur ce point se compose de plus de vingt grandes feuilles, sans compter les textes hiéroglyphiques et autres détails qui complètent l'ensemble du travail.

Je n'ai songé qu'en quittant la rive d'El-Tell, et après trente-cinq jours de travaux non interrompus, aux dangers où m'avait plus d'une fois exposé le voisinage d'une population malveillante et en révolte contre le gouvernement égyptien. Des troupes de fellahs en armes et des Bédouins non moins dangereux venaient souvent m'observer, et ils menaçaient de piller ma barque sous prétexte de reprendre l'or que chaque jour, disaient-ils, j'emportais à pleines corbeilles de la montagne. Ils auraient sans doute épargné mon portefeuille, c'était là tout mon trésor; du reste un peu d'assurance et des armes toujours prêtes les ont détournés de leurs desseins, et j'ai pu quitter les lieux sans accident.

Agréez, etc.

QUATRIÈME LETTRE.

A MONSIEUR LE MINISTRE SECRÉTAIRE D'ÉTAT
DE L'INSTRUCTION PUBLIQUE.

Thèbes, 28 février 1839.

Monsieur le ministre,

En quittant les hypogées d'El-Tell, j'aurais désiré pouvoir immédiatement visiter un autre monument de la même époque, situé sur la rive opposée du fleuve, auprès de Toûn-el-Gebbel. Mais une telle excursion, à plus de quatre lieues du Nil et dans un pays dont les habitants révoltés se livraient à des actes de violence envers les étrangers, m'eût exposé à des périls qu'il était imprudent de braver. Récemment à El-Kattyé, plusieurs barques destinées à un voyageur avaient été pillées et une partie de l'équipage massacré. Ailleurs, à Sanabou, une troupe d'Arabes armés avait fait irruption dans le village, et dévasté toutes les boutiques, en plein jour. J'ai donc cru devoir différer ma visite à Toûn-el-Gebbel jusqu'à mon retour de la haute Égypte, dans l'espoir de pouvoir alors profiter des mesures que le gouvernement venait de prendre en envoyant des troupes pour incendier les villages coupables et désarmer toute la population du pays. C'est, pour ainsi dire, sous l'escorte des soldats égyptiens et au bruit des coups de fusil qu'ils échangeaient avec les fellahs, que j'ai continué mes explorations en remontant la rive droite du Nil.

A quelques lieues au-dessus d'El-Tell, commence la chaîne de montagnes désignée sous le nom de Gebbel-Abou-Fédah, et qui se termine à la hauteur de Manfalout, vers la grotte de Samoûn. Sur la plus grande partie de cet espace, les flancs du rocher sont percés d'excavations; en quelques endroits on les compte par centaines; la montagne en est pour ainsi dire criblée; mais toutes ou la plupart de ces ouvertures n'appartiennent qu'à des grottes ébauchées (1);

---

(1) Le mode d'exploitation des carrières usité par les Égyptiens mérite d'être ici remarqué, parce qu'il explique jusqu'à un certain point le grand nombre d'excavations qui étaient entreprises à deux fins; d'abord, pour extraire des pierres destinées à la bâtisse, ensuite, pour utiliser, par un

le peu de sculptures déjà connues qu'on peut trouver aux environs de Deyr-el-Boukara ne mérite pas d'être recueilli.

Ces grottes, du reste, appartiennent à une époque très-ancienne, comme on peut le juger

usage funéraire, le vide que laissait leur extraction. Voilà pourquoi ces hypogées, si petits qu'ils soient, s'annoncent d'abord par une ouverture carrée en forme de porte. Dans l'intérieur aussi, au lieu de réduire en parcelles la matière du rocher, on l'extrayait avec économie, en la dégageant par blocs, ce qui était à la fois gagner du temps et éviter l'encombrement des débris. Cette observation s'applique à l'innombrable quantité de petites grottes plus ou moins avancées qui se trouvent dans les montagnes de Gebbel-Abou-Fédah, Cheikh-Harrydy et autres lieux. Pour ce qui est des carrières proprement dites, telles qu'on en voit à Torrah près le Caire, à Saouadéh, Antinoé, Deyr, Silsilis, le mode d'exploitation était le même, mais on n'utilisait pas le vide laissé par l'enlèvement des matériaux.

d'après l'encadrement qui leur est particulier, et d'après l'espèce de tambour ou bandeau cylindrique placé en haut de ces portes, et qui caractérise tous les vieux hypogées de Memphis, Thèbes et autres lieux.

Je n'ai rien à dire qu'on ne sache déjà sur la grotte de Samoûn, connue par les immenses dépôts de crocodiles et de momies humaines, entassés par millions dans ses vastes cavernes. Que de siècles il a fallu pour former un semblable dépôt! et quelles conjectures peut-on faire sur cette particularité, que toutes les momies humaines accumulées en ce lieu étaient dorées? Quant aux momies de crocodiles, elles forment le sol où l'on marche; les amas de ces reptiles s'élèvent en murailles et semblent combler toutes les profondeurs de cet abîme souterrain. On ne pénètre que difficilement dans les parties reculées; les passages sont étroits, la chaleur est excessive et l'air méphitique; on se sent défaillir, et l'état pénible où l'on se trouve ôte le courage de pousser plus loin une curiosité qui pourrait devenir fatale. On a même sous les yeux un exemple du danger qui règne en ce lieu; un cadavre est là, desséché, noirci, et offrant par sa position contournée, sa bouche ouverte et l'horrible expression de ses traits, le spectacle des tortures d'une mort violente. C'est, dit-on, un guide arabe que le manque d'air surprit en ce lieu avec deux de ses compagnons; les autres échappèrent, ainsi que les voyageurs qu'ils conduisaient. On dit que l'asphyxie à laquelle cet Arabe succomba fut causée par l'inflammation subite des matières bitumineuses accumulées en ce lieu; d'autres disent que l'incendie avait duré plusieurs années et venait de s'éteindre faute d'air, à l'époque où fut tentée cette fatale visite. La cupidité des Arabes qui viennent proposer aux voyageurs de les conduire dans la grotte de Samoûn, est un autre danger contre lequel on ne saurait trop se prémunir, et l'on fait toujours bien de s'y rendre en nombreuse compagnie.

A Syout, les hypogées sont dans un état de destruction tel, qu'excepté l'hypogée principal et un autre qui en est voisin, il est impossible aujourd'hui de reconnaître même l'emplacement de ceux dont il est fait mention dans le grand ouvrage de la commission d'Égypte. Le voisinage de la ville, et le besoin toujours croissant des matériaux que la montagne fournit pour la bâtisse, ont amené l'anéantissement de ces grottes; leur haute antiquité, le genre de leur décoration, particulier à la caste militaire, les rendaient fort intéressantes; tout a disparu sous le marteau du carrier, et l'on ne trouve à la place des hypogées que les flancs déchirés de la montagne, ou des cavités informes. Champollion avait visité ces tombeaux alors qu'ils étaient en meilleur état, et recueilli ce qu'il avait jugé le plus utile. Je n'avais rien à faire ici, et me suis hâté de reprendre le Nil en déplorant le triste sort des monuments de l'Égypte, qui tous marchent à une destruction de plus en plus rapide.

A Qaou-el-Kébir (Antæopolis), il y avait un temple que le Nil a emporté; on ne voit plus à sa place que la berge élevée du fleuve et quelques restes de fondations. A une lieue environ de ce point, on trouve dans la montagne des carrières antiques et des hypogees funéraires. Les carrières n'ont rien de remarquable, et les tombeaux sont presque entièrement détruits, du moins dans leur partie décorative. Ces grottes sont généralement petites et irrégulières; on y a ménagé, à hauteur d'appui, des banquettes sur lesquelles on plaçait les momies. Les peintures sur enduit dont ces grottes étaient revêtues sont tombées, et le peu de vestiges qu'on en retrouve dénote la dernière période de l'art égyptien et l'influence des idées grecques. Les figures, grossièrement peintes, appartiennent, par leurs attributs, à l'ancien mythe funéraire de l'Égypte. On y reconnaît Osiris tenant son fléau; Isis et Nephthys protégeant de leurs ailes un mort couché sur un thalamus en forme de lion; Anubis, la balance du jugement, etc., le tout sans écriture. Les plafonds et diverses parties latérales étaient ornés de ceps de vigne, de draperies en festons, de rinceaux et de guirlandes dans le goût grec. Parmi ces hypogées, il en est plusieurs qui appartiennent incontestablement à l'époque ancienne de l'Égypte ; ils sont beaucoup plus grands, et leur disposition est analogue à celle de l'hypogée principal de Syout; ils ont, comme ce dernier, plusieurs pièces disposées sur un plan régulier, et une espèce de porche cintré. Des murs d'enceinte, de longs escaliers ou rampes douces, et des pylônes en briques crues, servaient d'avenue à ces monuments. En avant et sur le plan inférieur d'un des hypogées, on voit une figure assise, taillée dans le roc et d'ancien style égyptien ; c'est le seul ouvrage de sculpture qui subsiste aujourd'hui parmi tous ces hypogées dont la plupart, comme je l'ai dit, appartiennent au Bas-Empire et ont usurpé la place des anciens.

Dans les montagnes voisines de Scheikh-Harrydy, au sud d'Antæopolis, il y a de vastes carrières et des grottes taillées dans la partie la plus élevée de la montagne; aucune de ces dernières n'a été achevée, et on se demande encore ici, comme à Gebbel-Abou-Fédah et ailleurs, pourquoi cette innombrable quantité de grottes commencées et dont la plupart auraient pu à peine contenir une momie, tandis qu'il y en a comparativement si peu d'achevées (1).

A Akhmyn, l'ancienne Panopolis, les hypogées funéraires se trouvent à une grande distance du fleuve; je n'ai pas eu lieu de regretter cette course très-pénible, car elle n'a pas eu seulement pour résultat de constater un état de ruine pareil à celui des hypogées d'Antæopolis, moins la haute antiquité dont ces derniers offrent encore des vestiges, mais elle m'a permis de reconnaître un fait très-curieux. Ici, en effet, rien qui puisse rappeler l'époque des Pharaons; les restes de peinture en stuc que j'ai pu rencontrer parmi d'innombrables excavations taillées sans symétrie et avec la plus grande négligence, ne m'ont offert que des sujets égyptio-grecs d'une époque très-récente et anologues à ceux d'Antæopolis; comme ces derniers, ils sont sans hiéroglyphes, et la grossièreté de leur exécution tient de la barbarie. J'ai remarqué surtout, avec curiosité, dans les parties les moins dégradées de quelques plafonds, des portions de deux zodiaques à douze compartiments, où l'on aperçoit encore les figures du Sagittaire, du Taureau, du Scorpion, au milieu d'autres figures tout à fait mé-

(1) *V.* la note pages 80 et 81.

connaissables; au centre de l'un d'eux, j'ai discerné une tête humaine de forte proportion, ce qui donnait tout à fait à ce monument l'apparence du zodiaque de Palmyre. C'est là un nouvel exemple qui confirme pleinement les vues de M. Letronne sur l'époque romaine de toute représentation zodiacale en Égypte. Ce savant a démontré, en effet, que ce genre particulier de décoration caractérise l'époque romaine où les idées astrologiques prirent le plus d'extension, et le fait que j'ai observé doit être rapproché, sous ce point de vue, du zodiaque sculpté au plafond du propylon d'Akhmym, indiqué par Pococke, et que M. Letronne n'avait pas négligé (1). Il est fort à regretter que ce dernier monument n'ait pas été copié à l'époque où il pouvait l'être; aujourd'hui, son enfouissement est complet, et j'ai dû renoncer au projet d'en prendre une copie. Quant à l'inscription grecque qui décorait la façade du propylon dont il s'agit, elle est aujourd'hui plus fruste que jamais; néanmoins, j'ai essayé d'en prendre une nouvelle copie, et si elle est moins étendue que celles qu'on possède déjà, elle présente d'un autre côté quelques additions qui, bien que légères, m'ont

---

(1) *Recherches sur l'Égypte*, etc., page 194, et *Observat. sur les représentations zodiacales*, page 96.

paru n'être pas sans valeur. J'en donne communication à M. Letronne, que ses savantes recherches sur les inscriptions grecques d'Égypte ont fait en cette matière le juge le plus compétent (1).

Aux approches de Girgé, à peu près vis-à-vis l'ancienne This et sur la rive droite du Nil, on voit un assez grand nombre d'excavations antiques, qui malheureusement sont restées à l'état d'ébauche ou que la barbarie a détruites. Le peu de sculptures qu'on retrouve dans une ou deux de ces tombes est d'une haute antiquité. Voici le nom hiéroglyphique de la localité :

A partir de ce point jusqu'aux approches de Thèbes, la rive droite du Nil n'offre que peu ou point de monuments qui soient dignes d'attention. J'ai poursuivi ma route sans m'arrêter jusqu'aux environs de Coptos, où l'on trouve, dans le village de Schanhour, un temple presque entièrement enfoui sous les décombres de masures qui l'avaient, jusqu'à ces derniers temps, dérobé à la connaissance des voyageurs. Cet édifice a été consacré à la déesse Hathor, sous le règne de l'em-

---

(1) V. la lettre sixième.

pereur Claude, dont les cartouches hiéroglyphiques renferment les noms et titres suivants : *Tiberius-Claudius*, *Cæsar*, *Augustus*, *Germanicus*.

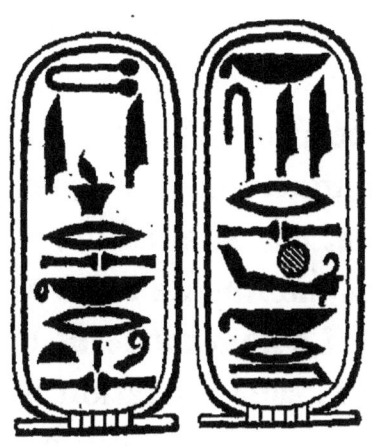

Ce qu'on peut voir du monument consiste en un sanctuaire environné d'un couloir et précédé d'un naos dont les parties antérieures sont détruites ou engagées sous les décombres. Plusieurs pièces latérales dont les portes sont obstruées, existent entre le sanctuaire et le mur d'enceinte extérieur, dont un côté seulement est à découvert sur une partie de sa longueur. Les tableaux sculptés dans le sanctuaire représentent des sujets d'adoration et d'offrandes aux dieux *Horus*, *Hathor* et *Chons*, lesquels paraissent avoir formé la triade de l'endroit. Ces sculptures sont d'un travail négligé ; les hiéroglyphes sont, en outre, tellement encroûtés de suie, qu'il est très-difficile de les déchiffrer ; je n'en ai pu extraire qu'une faible partie, mais assez pour savoir à quoi s'en tenir sur le degré d'importance de ce monument qui, du reste, n'était pas le seul dont la ville fut jadis ornée. Les pierres de taille éparses de tous côtés et l'étendue des décombres antiques annoncent une certaine importance. Le silence des auteurs au sujet de cette ville peut s'expliquer par l'éloignement où elle était du fleuve, et par sa situation en dehors des communications habituelles entre Apollinopolis-Parva et Coptos. Le nom moderne de *Schanhour* reproduit presque sans altération un nom égyptien, *Senhôr* (*transitus-Hori*), qui paraît avoir été commun à cette localité et à une autre ville du Fayoum.

Le lendemain de mon excursion à Schanhour, je me retrouvais au milieu des ruines de Thèbes, cet inépuisable trésor où l'antiquaire trouvera longtemps encore à glaner après toutes les moissons que l'Europe y a déjà recueillies. Cependant, les ruines de Thèbes perdent chaque jour de leur magnificence : la barbarie des voyageurs, non moins désastreuse que la cupidité des Arabes, s'attaque à tous les monuments, et pour en enlever le plus mince fragment de sculpture, elle mutile des parois entières. L'administration des Turcs opère à son tour une destruction non moins déplorable; cette dernière, il est vrai, ne va pas jusqu'au sein des montagnes détruire morceau à morceau toutes les peintures des hypogées pour en enlever quelques parcelles ; l'égoïsme personnel et la vanité ne sont pas ses mobiles ; mais, sous le prétexte des besoins du gouvernement, elle agit, comme on dit, *sur les masses*, et enlève d'un seul coup des pylônes tout entiers ; les matériaux en sont réduits en poussière et employés à la fabrication du salpêtre. Le pacha, il est vrai, a défendu à ses agents de toucher aux monuments portant trace de sculpture, mais cette défense est illusoire tout comme les fonctions de l'inspecteur chargé d'y veiller. Au train dont j'ai vu marcher l'enlèvement de deux pylônes à Karnac, je ne doute pas que les ruines de Thèbes ne disparaissent en peu d'années. Alors le voyageur n'aura plus rien à voir ici, du moins à la surface du sol ; il en sera de même dans tout le reste de l'Égypte, et le philosophe, l'antiquaire, l'artiste, seront réduits à chercher dans le sein de la terre quelques débris échappés au désastre. J'ai entendu blâmer la manière d'agir de plusieurs Anglais qui, après avoir déblayé et dessiné les monuments, s'empressaient de les combler pour ôter à d'autres la possession des mêmes documents ; une telle action dans un tel but est fort blâmable, mais on est tenté de l'admettre comme moyen de conservation, quand on voit avec quelle rapidité tout se détruit maintenant à Thèbes. Le tombeau de Ménephtah Ier, découvert par Belzoni; les hypogées de Kournah, si neufs, si brillants encore il y a quelques années, sont à peine reconnaissables ; ceux de ces monuments qu'on a dérobés à la mutilation en comblant leurs issues, pourront être retrouvés ; mais ce qui est probablement perdu pour la science, ce sont certaines suites chronologiques de noms royaux qui existaient dans diverses tombes, et que, dans les temps modernes, on a effacés après en avoir pris copie. Les Arabes de Thèbes vont jusqu'à nommer les auteurs de ce genre de mutilation.

J'ai cru devoir, Monsieur le ministre, mettre sous vos yeux ces diverses observations, parce qu'elles intéressent éminemment les études égyptiennes, et que de tels faits méritent la réprobation de tous les hommes éclairés.

Mon séjour à Thèbes devant être fort limité, j'ai dû me restreindre à des travaux de détail, et je me suis particulièrement appliqué à la recherche des documents les plus anciens et les moins connus. En ce genre, les ruines de Karnac m'ont fourni quelques renseignements que j'ai recueillis avec soin. On savait, depuis l'expédition des Français en Égypte, qu'il existait dans les constructions déjà si anciennes de Thèbes, des matériaux qui avaient appartenu à des édifices plus anciens encore : j'ai trouvé de ces vieux débris dans presque tous les pylônes de Karnac. Ainsi, le pylône d'Horus, construit au seizième siècle avant l'ère chrétienne, contient dans ses matériaux les restes d'un édifice contemporain des hypogées de Psinaula (1), comme l'attestent les

Fragments copiés parmi les matériaux du pylône d'Horus.

(1) Ou El-Tell, que j'ai décrits dans une précédente lettre.

94 QUATRIÈME LETTRE.

cartouches qu'on y trouve. La grosseur des pierres, les proportions gigantesques de certaines figures qu'on y avait sculptées (1), font voir que l'édifice auquel elles appartenaient ne le cédait pas aux plus grandes constructions élevées sous les dix-huitième et dix-neuvième dynasties.

Les deux pylônes qui venaient à la suite du pylône d'Horus sont actuellement détruits; je suis arrivé à temps pour copier, dans les maté-

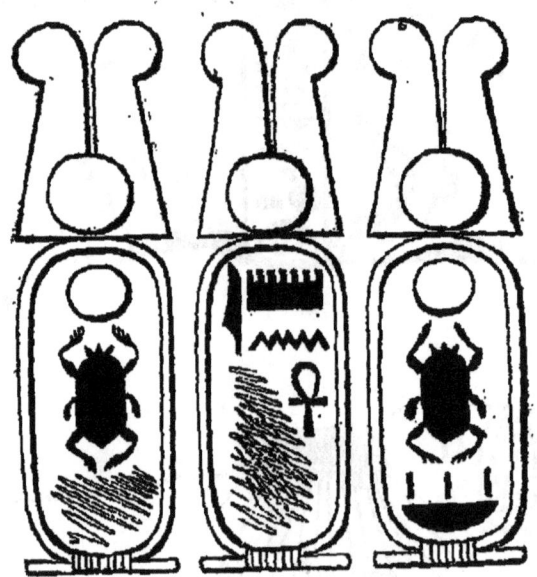

riaux de l'un d'eux, les cartouches d'un Pharaon

(1) Par exemple, un poignet et une main dont voici les dimensions :
- Largeur du poignet, 22 cent. (8 pouces).
- Longueur de la main fermée, 32 cent. (1 pied).
- Longueur du pouce, 38 cent. (14 pouces).

antérieur à la dix-huitième dynastie, ainsi que des fragments de bas-reliefs peints, des chevaux, etc.

M. Wilkinson attribue ce cartouche à Danaüs, et M. Leemans, dans ses *Monuments égyptiens royaux*, p. 70 à 75, propose une autre conjecture; mais l'existence de ce cartouche dans les matériaux d'un pylône de Karnac, semble devoir faire remonter à une époque plus reculée le règne de ce roi, aussi bien que la construction de l'édifice dont ces matériaux avaient fait partie.

Dans le voisinage du même pylône, on trouve des colonnes polygonales et des cartouches également fort anciens. Enfin, les matériaux du pylône de la salle hypostyle, lequel date du seizième siècle avant J. C., présentent un grand nombre de fragments hiéroglyphiques d'époque très-ancienne, des portions d'architraves de grands édifices, sculptées et peintes dans le plus beau style; on trouve là aussi des noms royaux, qui ne peuvent trouver place que dans les dynasties antérieures à la dix-huitième, notamment le cartouche prénom du roi Skhaï, dont il a été parlé dans ma première lettre (1).

---

(1) Je ne puis m'expliquer que par une variante dont je n'ai pas connaissance, la lecture que Champollion le jeune a faite du nom de ce pharaon, qu'il appelle Skhaï. Le cartouche de ce roi, tel qu'il m'est connu, renferme les éléments d'un nom qui doit se lire *Pinouterei* ou plutôt *Binou-*

A Louqsor, on trouve aussi, dans les matériaux du pylône (massif de droite), les restes des

tri, ce qui reproduit exactement le nom de Binothris, que les listes d'Africain, rapportées par le Syncelle, placent dans la deuxième dynastie des rois d'Égypte.

(*Note ajoutée*). Il y a tout lieu de croire que la lecture du nom de *Skhaï* donnée par Champollion vient de ce que le cartouche nom propre de ce roi, extrêmement rare sur les monuments, aura été mal rétabli, et que c'est d'après un dessin fautif que Champollion aura donné cette lecture. Voici le caractère sur lequel est basée la lecture de *Skhaï* : ;et il est effectivement aisé de le confondre avec les deux signes qui commencent le nom propre qu'on voit ici,

quand on n'a sous les yeux que des cartouches mutilés, comme le sont tous ceux de ce roi.

(Il faut lire, au sujet de ce nom, quoique dans un sens contraire, l'intéressante brochure de M. Ch. Lenormant sur le sarcophage de Mycérinus, page 24.) Je n'ai eu connaissance de cette publication que depuis la rédaction du précédent paragraphe de cette note.

cartouches du prince contemporain des hypogées de Psinaula; je n'en ai vu qu'un fragment, mais il est probable qu'il y en a d'autres; l'intérieur de ces constructions est tellement bouleversé, que l'on court le plus grand risque en essayant d'y pénétrer. Le parallélisme des façades a considérablement dévié, ainsi que leur niveau; mais c'est à l'intérieur surtout que le désordre est effrayant et semble menacer l'édifice entier d'un écroulement prochain. L'ébranlement qu'ont éprouvé les deux massifs de ce pylône paraît devoir être attribué au tremblement de terre qui, l'an 27 avant l'ère chrétienne, causa tant de dégâts parmi les édifices de Thèbes (1).

Les monuments de la rive occidentale de Thèbes présentent une telle masse de richesses archéologiques, que la seule reproduction des sujets qui restent à recueillir après les travaux déjà si volumineux des membres de l'Institut, de Champollion le jeune et des voyageurs anglais, demanderait encore plusieurs années de travail. Je crois néanmoins qu'un dessinateur laborieux, qui connaîtrait les besoins de la science et saurait ce qui a ou n'a pas été jusqu'ici publié en Europe, pourrait, en un an, compléter le recueil de ce qui reste à Thèbes

(1) Cf. Letronne : *Statue vocale de Memnon*, p. 25 et 26.

d'un intérêt véritable. J'aurais désiré pouvoir remplir cette tâche; mais, obligé de me restreindre en tout, j'ai dû me borner à l'indication sommaire des documents qu'un voyageur plus heureux pourra quelque jour offrir à l'étude des savants.

Le palais de RHAMSÈS-MÉIAMOUN, à Médinet-Abou, fournit en ce genre une suite de bas-reliefs historiques, relatifs aux conquêtes de ce pharaon. Ces sculptures décoraient le mur d'enceinte extérieur de la partie du palais qui fait suite à la grande cour, et ils n'ont pas été copiés par Champollion; ils ont été récemment déblayés, ainsi qu'une partie de l'espace compris à l'intérieur de cette enceinte, laquelle renfermait les cours et appartements du palais proprement dit. Des voyageurs anglais ont opéré ces fouilles dans le but, il y a tout lieu de le croire, d'en publier les résultats; cette pensée diminue mon regret de n'avoir pu entreprendre ce travail.

On a aussi mis à découvert, sur l'emplacement du Memnonium d'Aménophis, des restes de grands édifices et des fragments de statues colossales portant les noms d'Aménophis et de Ménephtah II.

Le Rhamesséum a été complétement décrit et dessiné; on remarque, à la suite et sur les côtés de ce vaste édifice, d'innombrables constructions voûtées, en briques crues, et dont la destination n'est pas connue; leur haute antiquité du moins n'est pas douteuse (1).

Les hypogées funéraires de Qournah dépérissent de jour en jour; je me suis efforcé d'en sauver quelques parties intéressantes, en y prenant le plus possible de calques et de copies. Quelques-uns de ces tombeaux sont d'une antiquité prodigieuse; j'ai calqué dans l'un d'eux, des figures de captifs étrangers remarquables par leurs physionomies, le caractère et la richesse des costumes; ainsi que le cortége d'une princesse étrangère, montée sur un char attelé de bœufs et suivie d'esclaves portant des tributs ou conduisant diverses espèces d'animaux. Le tombeau dont il s'agit offre le nom d'un roi fort ancien, dont le cartouche est un de ceux que j'ai relevés dans les matériaux d'un pylône de Karnac (2).

Les vêtements des personnages égyptiens qui figurent dans ce tombeau sont exactement les

---

(1) A voir ces longues voûtes parallèles et contigües les unes aux autres comme des tubes, on serait tenté de leur appliquer le nom de *sirynges* plutôt qu'aux grands hypogées que les auteurs grecs ont voulu désigner sous ce nom.

(2) C'est le cartouche d'*Amen-Tônch*, dont il est parlé à la page 94.

mêmes que ceux qu'on voit dans les hypogées d'El-Tell (Psinaula), ce qui est un autre témoignage de la haute antiquité du monument de Qournah (1).

Je ne m'étendrai pas davantage, Monsieur le ministre, au sujet des dessins et observations que j'ai pu recueillir à Thèbes; leur détail n'aurait d'intérêt à vos yeux que par des rapprochements qui seraient ici déplacés; mon but d'ailleurs, en réunissant ces matériaux, la plupart isolés, était moins de former un ouvrage d'ensemble que de combler le plus de vides possible dans le corps de documents déjà rassemblés par les voyageurs qui m'ont précédé en Égypte.

Agréez, etc.

(1) Cette observation a été rappelée ci-dessus, page 73.

CINQUIÈME LETTRE.

A MONSIEUR LE MINISTRE SECRÉTAIRE D'ÉTAT
DE L'INSTRUCTION PUBLIQUE.

Paris, 24 octobre 1839.

Monsieur le ministre,

Avant de quitter la haute Égypte, je désirais remonter une seconde fois jusqu'à Ilithya (El-Kab) où j'avais, l'année précédente, recueilli quelques notes en regrettant de ne pouvoir y faire un plus long séjour. Je voulais ajouter à mon travail les dessins de quelques bas-reliefs religieux copiés dans l'intérieur du petit temple d'Aménophis, et visiter avec soin les hypogées funéraires, où j'espérais trouver des documents nouveaux. Mais j'ai été, sous ce dernier rapport, complétement déçu. Ceux des hypogées que les voyageurs visitent ordinairement et que Champollion avait lui-même étudiés en détail, m'ont paru beaucoup plus dégradés qu'ils ne l'étaient il y a dix ans; plusieurs même sont entièrement détruits, et les fellahs qui, depuis quelques années se sont établis dans cette partie de la montagne, l'ont rendue presque inabordable, tant par leur présence importune que par la repoussante malpropreté qu'ils y ont accumulée. J'ai néanmoins fait une nouvelle revue de ces tombeaux; mais je me suis particulièrement attaché à la recherche de ceux que je savais n'avoir pas été visités par Champollion, et qui se trouvent dans une gorge voisine, située au revers des précédents. Cette visite n'a eu pour résultat que de constater l'absence de tout document archéologique, car je compte pour rien quelques faibles traces de décoration non terminée ou rendue méconnaissable par la mutilation.

A deux lieues environ au nord d'El-Kab, près de l'endroit nommé El-Khel, j'ai commencé l'exploration de la rive gauche du Nil. On voit sur ce point, qui est à trois quarts de lieue environ du fleuve, une pyramide de trente pieds de hauteur, construite en pierres calcaires d'assez grandes dimensions, mais d'ailleurs d'un travail grossier et fort dégradée. Son isolement dans la plaine et l'absence de tout autre vestige d'antiquité aux environs, feraient supposer à ce monument une destination non funéraire; il est assis sur un banc de rocher où l'on ne voit aucune trace d'excavations.

Le portique ou pronaos d'Esné devenu, comme on sait, un magasin de coton, est encore, comme il y a dix ans, engagé au milieu de constructions particulières où il n'est pas permis de pénétrer. Je n'ai pu, en conséquence, m'assurer de la disposition, du nombre ni de la date des parties intérieures de ce temple, que personne jusqu'ici n'a pu voir, bien qu'elles existent évidemment, par le fait seul de l'existence du pronaos; cette partie des temples égyptiens n'a, en effet, jamais été construite que comme addition décorative et pour servir d'avenue au sanctuaire, lieu principal.

Le quai d'Esné a été reconstruit, dans les temps modernes, avec des matériaux provenant du temple de Contra-Lato, maintenant détruit et qui était situé sur la rive opposée du fleuve. On trouve dans les matériaux du quai d'Esné, qui ont appartenu à ce temple, des portions de légendes hiéroglyphiques donnant les noms de Ptolémée Épiphane et d'un empereur romain qui paraît être Trajan, d'après les lettres TR qui commencent son nom.

A Erment, l'ancienne Hermonthis, les voyageurs visitent un petit temple nommé en égyptien Mammisi et consacré, sous le règne de Cléopâtre, au souvenir de la naissance du jeune Ptolémée fils de César. Des édifices du même genre, chapelles secondaires désignées improprement sous le nom de Typhonium, avaient été observés en divers lieux de l'Égypte, tels que Philæ, Edfou, Dendérah, et toujours dans le voisinage d'un grand temple. Ici, l'observation, d'accord avec les traditions historiques, mettait hors de doute l'existence d'un grand temple; mais on ignorait son emplacement, et c'était pour en retrouver au moins quelques indices que je m'étais rendu à Erment. On y voyait, il y a quelques années encore, les restes d'une église qu'on soupçonnait avoir été bâtie par les premiers chrétiens sur l'emplacement et avec les matériaux du temple que je cherchais; aujourd'hui ces ruines elles-mêmes ont disparu, à l'exception de quelques colonnes en granit; les matériaux ont été enlevés pour l'usage des poudrières du pacha; mais en fouillant le sol pour en trouver d'autres, on a mis à découvert les fondations d'un vaste édifice, immense carrière qui fournit en abondance aux besoins destructeurs du gouvernement. C'est là qu'était le grand temple d'Hermonthis. Il avait été bâti, peut-être déjà pour la seconde fois, sous le règne de Thouthmès IV, et consacré au dieu Mandou, comme l'attestent des portions d'architraves sculptées et d'autres matériaux engagés dans les fondations. Après avoir été probablement détruit pendant l'invasion des Perses, le temple fut reconstruit sous le règne de l'empereur Hadrien.

Voici la légende de ce prince :

Il est impossible, aujourd'hui, de restaurer le plan de cet édifice, mais on peut juger de ses dimensions par l'étendue de terrain qu'occupent ses fondements, et par la grosseur des colonnes dont on retrouve encore des bases et quelques tronçons. Ces colonnes avaient 2 mètres 15 centimètres de diamètre, ce qui correspond à dix-neuf pieds dix pouces de circonférence; c'est sur le pourtour de l'une d'elles et dans les soubassements des murs latéraux, dont quelques parties subsistent encore, que j'ai recueilli les légendes de l'empereur romain. Le dessin qu'on voit ici, d'une de ces portions de colonnes, peut donner une idée de la richesse de leur décoration :

On trouve encore, parmi ces ruines, les têtes de plusieurs statues colossales, coiffées du pschent, et qui ont appartenu à des figures-piliers, dites *Osiriaques*. Une statue en basalte, d'époque ancienne et qui gisait au même endroit, a été récemment enlevée par des voyageurs anglais.

J'aurais désiré connaître l'emplacement des hypogées funéraires d'Hermonthis, mais je n'ai pu rien découvrir à ce sujet, et la montagne Libyque où il était naturel de les supposer, est tellement distante du fleuve, que je n'ai pas eu de peine à croire sur parole les habitants, qui m'assuraient avoir parcouru toutes les montagnes de ce côté sans y trouver de grottes. Je dois ajouter que, d'après quelques observations recueillies dans le pays, on peut croire que c'est dans la nécropole de Thèbes ou dans son voisinage qu'on transportait les morts d'Hermonthis. La distance de deux lieues environ qui séparait les deux villes et l'intention funéraire de quelques monuments situés vers le sud du grand hippodrome de Thèbes, monuments qui dépendaient du nome d'Hermonthis, semblent venir à l'appui de cette conjecture, et indiquer le lieu des inhumations comme étant à peu près à mi-chemin d'Erment et de Medinet-Abou.

Revenu à Thèbes, j'ai parcouru encore une fois ces belles ruines que j'aurais voulu posséder tout entières en portefeuille; je sentais que probablement je ne les reverrais plus et que, sans doute, j'aurais plus d'une fois à regretter, par la suite, d'avoir omis certaines observations utiles.

Je suis parti de Qournah le 10 mars et arrivé le surlendemain à Dendérah, l'ancienne Tentyris. Le propylon qui précède le grand temple a été, dans ces derniers temps, attaqué par les agents du gouvernement turc, qui en ont enlevé une bonne partie et qui se disposaient à détruire le reste, quand un ordre du pacha, provoqué par les plaintes de quelques voyageurs, fit suspendre cette œuvre de destruction. Mohamet-Ali, en réparation de ce désastre, fit en même temps construire un double mur qui, partant de chaque côté du propylon, conduit à l'entrée du grand temple. Cette espèce d'avenue, inutile par elle-même, a de plus l'inconvénient de masquer la vue du portique, dont la façade et l'intérieur ne peuvent plus être saisis d'un même coup d'œil, et puis, une fois engagé dans ce long couloir, on n'en peut sortir qu'en revenant sur ses pas, nulle autre issue n'y étant ménagée.

Le grand temple a été déblayé à l'intérieur, et l'on peut aujourd'hui pénétrer de plain-pied jusque dans le sanctuaire. J'espérais trouver là les légendes des fondateurs du monument, mais tous les cartouches sont restés vides, dans le sanctuaire aussi bien que dans les deux pièces qui le précèdent. Quant au portique, ses légendes nous sont connues par les lettres de Champollion.

J'ai tenté de copier, dans la salle du zodiaque située à la partie supérieure du temple, la portion du plafond restée en place, et qui se rattachait au zodiaque circulaire, aujourd'hui déposé à la Bibliothèque royale. Malheureusement cette sculpture, comme celles des autres plafonds du temple, est tellement encroûtée de suie, qu'il est impossible d'en reconnaître les détails; cette suie d'ailleurs est très-dure et ne pourrait s'enlever qu'après un long travail; je n'ai donc pu copier de ce tableau que les parties reconnaissables, c'est-à-dire, les barques symboliques et la figure de l'année qui les encadre ; j'ai dû renoncer aux détails hiéroglyphiques si essentiels pourtant à l'interprétation du sujet.

La nécropole de Tentyris était située dans la partie occidentale de la plaine qui séparait cette ville de la montagne. Quelques tombeaux musulmans sont disséminés sur cet espace que le désert a complétement envahi.

Au village de Hôou, l'ancienne *Diospolis Parva*, il ne reste de vestiges antiques que vers l'extrémité d'une longue digue qui sert de chemin et se termine par un pont. On trouve de ce côté, à l'entrée du désert, une enceinte carrée en briques crues renfermant des restes de construction, des ossements et autres débris de momies, et des fragments d'architecture égyptienne. Vers l'angle sud-est, à l'intérieur de cette enceinte, il y a un petit édifice en grès, espèce de chapelle à une seule chambre, construite et sculptée sous le règne des Lagides; le plafond est détruit ainsi que la partie supérieure du monument, à la hauteur des frises; l'édifice a été construit dans une intention funéraire et au nom d'un prêtre, scribe royal attaché au service d'un Ptolémée. On ne trouve de ce prince que le cartouche nom propre, et parmi les inscriptions, que cet autre cartouche renfermant le titre *Grande demeure*, déjà observé dans divers monuments de l'époque grecque et romaine, à El-Kab, Dendérah, et ailleurs (1).

Au milieu de la paroi du fond de cette chapelle est une niche carrée dans laquelle on a sculpté et peint le dieu Sokar-Osiris tenant le fléau et le crochet; il est accompagné à droite et à gauche de la déesse Tmé avec ses attributs ordinaires, la plume et les ailes attachées aux bras. Les tableaux sculptés sur cette paroi, à droite et à gauche de la niche, représentent les scènes relatives à l'introduction et au jugement du défunt en présence d'Osiris et des autres divinités de l'Amenti, Hathor, Tmé, Anubis, Thoth-Ibiocéphale; la balance, le cynocéphale et le cerbère femelle, *la dévoratrice de l'enfer*, complètent ces tableaux déjà connus par leurs analogues (2).

(1) Voir à ce sujet les observations de M. Rosellini, *Mon. storici*, tome II, et celles de M. Lenormant, *Musée d'antiquités égyptiennes*, page 37.

(2) Voir les lettres écrites d'Égypte par Champollion, page 319.

La frise de la même paroi se compose d'une suite de figures accroupies, à tête humaine ou à tête de reptiles, représentant les divers péchés énumérés dans le rituel funéraire. Sur les parois latérales, figurent les quarante juges de l'Amenti, disposés vingt d'un côté, vingt de l'autre; le défunt, debout, leur adresse une prière. Au-dessous des juges paraissent huit figures de femmes dont la tête est surmontée d'un disque au milieu duquel est une étoile; le même sujet est répété sur la paroi opposée. Ces figures sont accompagnées de leurs légendes; mais ces dernières sont d'une exécution tellement grossière, qu'il est à peu près impossible de les déchiffrer. Je pense que ces figures représentent les heures du jour et de la nuit, sujet observé par Champollion dans les tombes royales de Biban-el-Molouk et ailleurs (1). J'ai copié dans ce monument la paroi du fond tout entière et quelques portions des autres. En somme, ce petit édifice n'offrant que des sujets déjà connus par analogie, m'a d'autant moins retenu que je me sentais dans le voisinage d'Abydos, où j'espérais faire une récolte bien autrement intéressante.

(1) L'étoile enfermée dans un disque serait aussi un symbole de l'âme, suivant un passage de la grammaire égyptienne de Champollion le jeune, p. 427.

Abydos, aujourd'hui HARABA-MADFOUNEH, *Haraba l'Enterrée*, est située à plus de quatre lieues de la ville de Girgé, d'où partent ordinairement les voyageurs qui veulent visiter ses ruines. On abrége la route d'une heure et demie en quittant le Nil au village de Bélianeh, d'où l'on peut arriver à Abydos en moins de trois heures de marche.

L'étendue des décombres justifierait seule le rapport des anciens qui faisaient d'Abydos la seconde ville de la Thébaïde. Ce qui reste de ses grands édifices, malgré leur état de ruine ou d'enfouissement, n'est pas au-dessous de l'idée qu'on doit se faire de l'importance de cette ville, à la fois commerçante et religieuse.

La nécropole occupe à elle seule un espace immense et qui, sous ce rapport, ne le cédait guère à la nécropole de Thèbes. On sait que les Égyptiens tenaient à honneur d'être inhumés à Abydos, où se trouvait le tombeau d'Osiris. Ce dieu était le patron de la ville, et c'est à lui que furent dédiés les grands édifices, temples ou palais dont elle était ornée. Il y avait là comme à Thèbes un *Memnonium* ou plutôt des *Memnonia*, genre d'édifices spécialement funéraires, et dont l'origine semblait devoir se rattacher au souvenir d'Aménoph-Memnon, quoique le nom de ce prince ne se trouvât sur aucune des ruines encore subsistantes à Abydos (1).

C'est sous le règne de Ménephtah Ier, père de Rhamsès le Grand, que fut élevé, ou peut-être seulement reconstruit, le grand édifice aujour-

(1) M. Letronne avait déjà observé que le rapport établi entre le nom de Memnon et celui d'Aménophis venait principalement des auteurs grecs, et que le nom générique de *Memnonium*, dont l'étymologie est égyptienne, devait avoir été donné à tous les grands édifices construits dans le quartier des tombeaux (Memnonia), soit à Thèbes, soit à Abydos. Ainsi, de même qu'il y avait dans la première de ces villes un Memnonium d'Aménophis, un autre de Rhamsès, de même on voyait à Abydos le Memnonium de Ménephtah et celui de Rhamsès. Le surnom de Memnon donné au pharaon Aménophis ne lui venait donc que par allusion au Memnonium qu'il avait fait élever, allusion qui lui appartenait, tant à cause de son antériorité que pour la magnificence qu'il avait donnée au grand édifice qui portait ce nom. (Voir, à ce sujet, les curieux rapprochements et les explications réunis dans l'ouvrage de M. Letronne, intitulé : *La Statue vocale de Memnon*, p. 81, 257 et *passim*.)

M. Rosellini rapporte, avec beaucoup de vraisemblance, l'étymologie du mot grec *Memnonia* au groupe hiéroglyphique MEMEN (pluriel MEMENKOU), qui signifie *constructions, édifices durables*. (*Monum. stor.*, pag. 23-24, t. III, 1re part.)

d'hui presque entièrement enfoui sous le sable, et qu'on trouve en abordant les ruines du côté sud-est de la plaine. C'est là qu'était probablement le fameux palais d'Osmandyas, le Memnonium dont parlent les auteurs; les légendes hiéroglyphiques gravées à l'intérieur de ce monument désignent effectivement cet édifice sous le nom de palais, c'est-à-dire, *demeure royale de Ménephtah*. La partie du fond, depuis les constructions taillées en voûte jusqu'à la grande salle hypostyle, a été décorée sous ce pharaon; rien n'égale la perfection de ces sculptures, notamment dans les couloirs en voûte, dont la partie inférieure est construite en un calcaire blanc de la plus belle nature. Rhamsès le Grand en succédant à son père fit reprendre la décoration, déjà fort avancée, de la salle hypostyle, et pour accroître la part de gloire qui lui reviendrait de ces travaux, il fit en maints endroits gratter ou couvrir de stuc le nom de son père et graver le sien à la place. On serait tenté de croire que cet édifice, commencé sur un plan gigantesque, n'a pas été achevé, à en juger par l'état de la façade de la salle hypostyle, qui ne présente à l'extérieur qu'une muraille dont les énormes pierres n'ont pas été dégrossies. Peut-être avait-on appuyé à ce mur qui est de grès, une façade en calcaire blanc, détruite depuis comme l'ont été les parties latérales du même édifice qui étaient de cette matière. Le mur à l'extérieur de la façade est enfoui, comme au dedans, jusqu'à trois ou quatre mètres de la plate-forme, et ce n'est qu'au moyen de fouilles profondes qu'on pourrait obtenir quelques notions sur la disposition de cette partie extérieure du monument et sur la nature des matériaux dont elle a pu être revêtue. On voit encore debout, en avant de la façade, un bloc en pierre calcaire qui paraît avoir formé le montant d'une porte. Le palais était ou a dû être précédé d'une cour péristyle et d'un pylône aujourd'hui détruits ; l'exhaussement du sol ne permet de rien affirmer à cet égard, mais on voit encore sur l'emplacement que devaient occuper les murs latéraux de la cour et le pylône, des blocs de pierre qui peuvent avoir appartenu à ce genre de construction. On ne pénètre à l'intérieur du monument que par les ouvertures occasionnées dans la plate-forme par la rupture et la chute des plafonds. L'enfouissement, dans les parties les moins encombrées, s'élève encore à la hauteur de trois mètres environ du plafond. Il est fort difficile de prendre une idée exacte de l'étendue en largeur de la salle hypostyle et de ses communications avec les parties adjacentes vers le sud et à l'ouest.

Je n'ai bien reconnu que trois portes donnant

passage de la salle hypostyle dans un deuxième portique dont l'étendue, dans le sens de la largeur du monument, dépasse de beaucoup celle de la façade actuelle; j'ai compté sur cette étendue jusqu'à vingt-deux architraves parallèles qui, étant soutenues chacune par quatre colonnes, forment un total de quatre-vingt-huit colonnes disposées sur quatre rangs. La largeur de l'édifice, dans cette partie, n'était pas moindre de cent six mètres (314 pieds).

Après le second portique venaient les couloirs en forme de voûte, lesquels donnaient issue dans un arrière-portique ou *posticum*, soutenu à son tour par quatre rangs de colonnes. Là se terminait la première partie de l'édifice, après laquelle on remarque un abaissement rapide du sol, une espèce de canal transversal dont la partie opposée s'élève de nouveau et forme une colline couverte de décombres. Des débris de pierre taillée annoncent qu'il y avait là d'autres édifices, et l'on voit encore en place plusieurs blocs en calcaire blanc qui paraissent avoir formé les montants d'une porte.

Telle est l'idée générale qu'on peut se former de ce monument, sans admettre toutefois que la partie sud, presque entièrement enfouie, soit une continuation sur le même plan de la partie septentrionale, la seule qu'il soit moins difficile d'étudier. On ne trouve d'ailleurs dans la partie accessible rien qui caractérise, à proprement parler, une habitation ; et si cet édifice était un palais, il faut croire que les appartements du roi se trouvaient sur un plan plus reculé ou dans les parties qu'on ne peut aborder maintenant (1).

(1) Diverses observations sont à faire au sujet des constructions en voûte, que je ne cite aujourd'hui que pour la perfection des sculptures en bas-relief et des ornements qui entraient dans leur décoration. On ne manquera pas de remarquer, dans les dessins que j'en ai rapportés, l'encadrement et le dessus des portes intérieures de ces passages, notamment l'une d'elles, qui n'a son analogue dans aucun autre monument de l'Égypte. On remarquera aussi, dans la décoration des chapelles ou naos figurés parmi ces sculptures, un ornement placé au-dessous d'une corniche décorée d'uræus, lequel consiste en une suite de glands ou plutôt d'ovales pointus qui m'ont paru être la pensée première des *oves*, dont le motif se trouve plus développé dans les hypo-

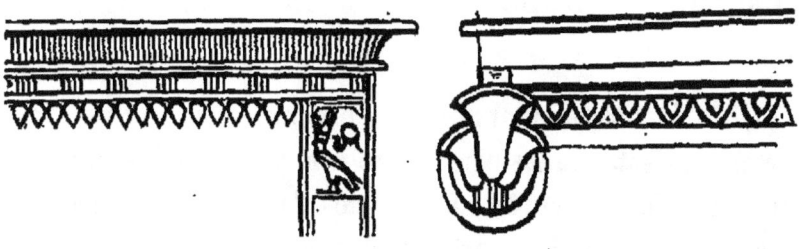

gées d'El-Tell. Cet ornement occupe à El-Tell, comme à Abydos, la même place au-dessous des architraves, et sa destination est la même que celle que les Grecs lui ont donnée au moins mille ans après, dans leur propre architecture.

Toute la décoration de ce monument rappelle le dieu auquel il fut particulièrement consacré; c'était Osiris, qui partout s'y montre avec ses attributs ordinaires et avec le titre de *seigneur d'Abydos*. Isis, Hathor, Tmé et leurs diverses formes sont ici les compagnes du dieu et partagent avec lui les hommages du souverain.

Je n'entrerai pas dans le détail descriptif des sujets sculptés dans les diverses parties de ce monument; c'est là l'objet d'un travail plus étendu et auquel doivent se rapporter les dessins que j'ai recueillis; je me suis attaché à compléter les documents sur cet édifice autant que le permettait l'état de ses ruines qui, malheureusement, sont aujourd'hui plus enfouies, plus dégradées que jamais.

A quelque distance du palais, on trouve, en se dirigeant vers le nord, les ruines d'un temple qui fut construit et décoré sous le règne de Rhamsès le Grand (1). Le nom et les légendes

---

(1) Je dois cependant noter ici une observation assez importante : c'est que les cartouches non plus que les personnages ne m'ont paru être les mêmes dans toutes les parties de ce monument. Les cartouches qui appartiennent d'une manière indubitable à Rhamsès le Grand ne se présentent que dans certaines parties de l'édifice, que leur position même dénote comme ayant été les dernières exécutées. Dans les parties qui avoisinent le sanctuaire, le cartouche

de ce prince se lisent sur les parties encore subsistantes de cet édifice, qui, par la richesse des matériaux, sinon par l'étendue, l'emportait sur le Memnonium de Ménephtah. Malheureuse-

prénom diffère de celui de Rhamsès le Grand par l'absence du signe [signe] *éprouvé par le soleil.* On sait qu'une question s'est élevée au sujet de la distinction à établir entre les cartouches caractérisés par cette différence, et conséquemment entre les personnages auxquels ils se rapporteraient.

Cependant l'identité de Rhamsès II et de Rhamsès III, avancée par M. Wilkinson et habilement soutenue par M. Ch. Lenormant, paraît aujourd'hui ne pouvoir plus persister, par les deux raisons que voici :

1° Les cartouches où manque le signe *éprouvé par le soleil* se rapportent à un roi dont les traits, bien qu'ils offrent de l'analogie, un air de famille avec ceux de Rhamsès III, n'ont pas cependant tout à fait le même caractère. D'un autre côté, la place de ces cartouches dans les parties les plus anciennes du monument leur assigne une date antérieure.

2° On sait que la série chronologique de la table d'Abydos s'arrête au cartouche prénom attribué à Rhamsès II, qui est compris dans cette série, et que le prénom de Rhamsès III, répété un grand nombre de fois au bas de la même table, ne peut appartenir au roi son prédécesseur, celui-ci étant signalé comme tel par la seule position de son nom à la suite des autres rois, et de plus caractérisé par une différence notable dans la composition de ce nom. Cette différence consiste surtout dans l'absence du titre : *éprouvé par le soleil.*

ment aucune partie de ce monument n'est conservée dans son entier ; les décombres et le sable l'ont enseveli presque partout, et ce qui avait échappé aux envahissements du désert ou à la main des barbares a été, depuis quelques années, cruellement achevé par les spéculateurs d'antiquités, consuls et autres qui, sous ce rapport, n'ont rien à envier au vandalisme des Turcs ni à la triste renommée de lord Elgin. C'est dans cet édifice qu'était la fameuse table chronologique dite d'Abydos ; il semble qu'en enlevant cette pierre, on ait voulu ne rien laisser de la chambre qui la renfermait ; trois de ses parois ont à peu près disparu, et la quatrième, celle du fond, n'a conservé que la partie inférieure des figures de divinités qui la décoraient. Cette pièce, de médiocres dimensions, faisait partie d'une série d'appartements qui, de ce côté comme de l'autre, formaient les deux ailes latérales d'une cour au fond de laquelle était un sanctuaire. Ce qui reste de cette dernière partie peut donner une idée de sa richesse ; elle était entièrement revêtue d'albâtre d'un beau choix et décorée de sculptures peintes dont l'admirable exécution répondait à la richesse de la matière. Le sanctuaire était environné de constructions qui se liaient aux ailes latérales, et l'on trouve à son entrée d'énormes blocs en granit qui paraissent avoir formé les montants de la porte. Deux propylons également de granit, l'un gris, l'autre rouge, donnaient entrée aux deux cours qui précédaient le sanctuaire. La cour d'entrée avait deux galeries latérales soutenues par des piliers auxquels étaient adossées des figures d'Osiris debout, tenant d'une main le fléau, de l'autre le crochet (1).

Il ne reste de ces figures que deux ou trois bases demeurées en place.

J'ai copié tout ce qui restait de peinture et de sculpture, tant sur les propylons et leurs débris que sur les parois intérieures de l'édifice.

A mille mètres environ vers le nord de ce monument et en traversant une partie de plaine entièrement remplie d'excavations funéraires, on trouve les restes d'un troisième temple qui fut, comme le précédent, construit sous le règne de Rhamsès III et consacré au dieu Osiris. Ce temple était, comme l'autre, en pierre calcaire dont la blancheur rehaussait l'éclat des peintures auxquelles elle servait de fond. Il y avait là aussi une cour à piliers osiriaques; mais cette cour,

---

(1) La dénomination abréviative de *piliers osiriaques* me paraît convenir tout à fait à ces sortes de figures, qui se montrent fréquemment parmi les grands édifices de la Thébaïde.

aussi bien que les autres parties du monument, n'offre plus que des portions de murs et des substructions dont l'enfouissement et le désordre ne permettent pas de reconnaître la disposition. Cet édifice, du reste, le cédait au précédent pour l'étendue ; un mur en briques crues s'élevait de chaque côté du sanctuaire et se liait à un mur transversal construit à l'arrière du temple, et dont la porte de sortie se trouvait dans l'axe de tout l'édifice. Derrière ces constructions, le terrain s'abaisse pour former une sorte de vallon au delà duquel on voit s'élever la grande enceinte en briques, nommée *Schounet-el-Zebib*. Il est difficile de préciser la destination de cette enceinte, qui est formée de murailles hautes et épaisses, et dont l'espace intérieur est entièrement vide ; peut-être renfermait-elle des hypogées funéraires, comme on l'observe à Thèbes dans les enceintes de l'assassif, qui présentent le même aspect ; ou bien, était-ce un bâtiment destiné à l'habitation et au service des embaumeurs, gens que leur état isolait du reste de la nation et semble avoir assujettis à une vie claustrale (1) ?

En arrivant à cent mètres à peu près du troisième édifice mentionné plus haut, on voit une

---

(1) Conf. Hérod., Plutarque, *De Isid.* — Letronne, *sur Memnon*, p. 33, sqq.

mare circulaire, contenant de l'eau saumâtre, et qui paraît avoir été un bassin sacré ; sur la droite, un peu en avant et à fleur de terre, sont les restes d'une vaste construction qu'on croirait avoir été une pyramide; sur la gauche du même bassin, s'étend une colline couverte de ruines en briques et de fragments de pierres, qui annoncent que sur ce point encore il y avait de grands édifices. Le monticule porte le nom de *Kolt-Essoltân* (*la Butte du Roi*); il est fort étendu et présente les restes d'un mur de circonvallation. D'autres débris de constructions antiques s'étendent au loin vers le nord, et ajoutent à l'idée qu'on doit se faire de la grandeur et de l'importance d'Abydos ; mais toutes ces ruines sont méconnaissables, et je n'ai, pour ce qui les concerne, rien à ajouter aux indications contenues dans la grande description de l'Égypte.

J'ai vainement cherché dans la partie méridionale des ruines les restes d'un édifice qui m'avait été signalé comme portant les cartouches d'un roi éthiopien. Des conquérants de cette nation avaient, en effet, au rapport des auteurs, occupé Abydos, et ce témoignage rendait d'autant plus probable l'existence du nom qui m'avait été signalé. D'un autre côté, il existe dans les salles basses du Louvre des morceaux d'architecture égyptienne, rapportés d'Abydos par

M. Mimaut et portant le cartouche d'un roi éthiopien nommé *Sevekôtph*. D'après cela, j'ai dû conclure de l'absence à Abydos de tout monument portant des noms éthiopiens, que les sables ou le marteau des modernes vandales avait passé par là.

Les voyageurs de notre temps ont cherché à Abydos les célèbres bois d'acanthe cités par les auteurs; les bosquets ont à la vérité disparu, mais l'arbre y existe encore par bouquets disséminés au milieu des palmiers qui abondent ici : c'est un arbre à longues épines, espèce de *mimosa nilotica*, d'ailleurs commun dans le pays et dont le nom moderne, *schont*, suffit pour rappeler l'*acanthus* des anciens. C'est le même arbre qui produit la gomme arabique.

J'espérais trouver à Abydos, dans la partie de la montagne qui s'étend derrière les ruines, des hypogées creusés dans le rocher; mais les deux ou trois excavations que j'ai pu voir de ce côté n'offrent aucune trace de décoration ni même d'intention funéraire; il y a tout lieu de penser que la nécropole d'Abydos ne s'étendait pas jusqu'à la montagne, qui est fort éloignée des ruines; d'ailleurs, l'immense étendue de cette nécropole, telle qu'on la voit aujourd'hui, est propre encore à satisfaire l'imagination la plus exigeante.

Tel est, Monsieur le ministre, le résumé des

observations que j'ai pu recueillir à Abydos et dont l'ensemble, notes et dessins, ne pourra manquer d'être apprécié, si l'on a égard surtout à l'état actuel des ruines et à la rareté des documents jusqu'ici publiés à leur sujet.

Après avoir quitté ce lieu, je me suis rendu à Girgé, et de là, dans un village nommé *Birbé*, que l'on croit être sur l'emplacement de l'ancienne *This*. Le village occupe, à la vérité, une butte de décombres antiques passablement étendue; mais il a cela de commun avec la plupart des villes et villages de l'Égypte; je n'y ai d'ailleurs rencontré aucun reste de monument, pas même un tronçon de colonne; d'après quoi il m'a semblé douteux que ce point ait jamais eu grande importance, à moins que ce n'ait été dans les temps primitifs, comme il pourrait être permis de le croire, d'après les traditions concernant les vieilles dynasties thinites, et d'après les restes de vieux hypogées que j'ai signalés dans la partie de la montagne située à l'opposite du fleuve (1). Toutefois, il ne me paraît pas impossible de prouver que This et Abydos étaient moins éloignées l'une de l'autre, et que peut-être les deux villes doivent être confondues en une seule.

A cette hauteur de l'Égypte, la chaîne libyque

---

(1) V. *suprà*, p. 88.

s'éloigne fréquemment du Nil, et les restes d'antiquités ne se montrent qu'à de plus rares intervalles. Le dernier point où j'ai cru devoir m'arrêter, dans la haute Égypte, est en face d'Akmyn (Panopolis), et à deux lieues au sud-ouest du bourg de Soagghié. Il existe là, dans la montatagne, un assez grand nombre d'hypogées auxquels on arrive après avoir traversé le village d'Hamalyéh et l'emplacement d'une bourgade antique. Ces grottes présentent le même caractère que celles d'Akmym, et appartiennent aussi à la même époque. Leur plan est irrégulier, et elles offrent à l'intérieur des banquettes ménagées dans le rocher pour recevoir les momies dont les langes et les débris jonchent encore le sol; les parois ont aussi été revêtues d'un stuc blanc qui est tombé, ainsi que les grossières peintures dont on avait pu les orner; je n'ai d'ailleurs pas retrouvé la moindre trace de couleurs. Quelques-uns de ces hypogées offrent un plan moins irrégulier et sont décorés d'une façade avec corniche de style égyptien; néanmoins, ils sont d'époque récente, comme l'annonce leur style même, et comme on peut l'inférer d'une inscription grecque gravée au-dessus de la porte de l'un d'eux; on y lit :

ΕΡΜΙΟΥ ΤΟΥ ΑΡΧΙΒΙΟΥ Ο ΤΑΦΟΣ.

Le sol de décombres qui s'étend au pied de la montagne est en partie recouvert par le sable de la plaine qui semble vouloir effacer à jamais la teinte rougeâtre de terres cuites qui caractérise tous les lieux anciennement habités. La forme quadrilatère de cette petite ville se dessine encore avec régularité, et l'on remarque vers son centre un espace carré que sa couleur blanche et les blocs de pierre calcaire dispersés sur le même point annoncent être l'emplacement d'un ancien temple. J'ai interrogé avec attention les matériaux presque détruits de cet édifice, et j'y ai reconnu des restes sculptés de deux époques différentes réunis sur les mêmes blocs; ce sont des portions d'architraves et des pierres de plafonds grattées après coup et recouvertes d'une peinture grossière. Aucun nom pharaonique ne s'est offert parmi les restes d'hiéroglyphes anciens; je n'y ai trouvé que le nom de la déesse Sowan, qui était apparemment la patronne du lieu. Quant aux hiéroglyphes plus récents, la seule portion de légende que j'aie pu y reconnaître, m'a offert le titre de *Germanicus*, qui doit appartenir à l'un des empereurs Trajan ou Hadrien.

Parmi les matériaux du temple dont il s'agit, se trouve un chapiteau dactyliforme analogue à ceux de Philæ, et encore revêtu de ses couleurs.

Voilà tout ce que j'ai trouvé sur ce point, que

d'ailleurs peu de voyageurs ont visité depuis qu'on s'occupe de recherches archéologiques. Une course assez longue au grand soleil, pour un tel résultat, n'avait pas de quoi me satisfaire beaucoup ; mais je me suis consolé en pensant qu'il n'était peut-être pas indifférent d'ajouter un document, même négatif, au catalogue des antiquités de l'Égypte.

De Soagghé je me suis rendu directement à Mellawy-el-Arich (Heptanomide), pour aller de là, par terre, à Achmouneyn et à Toûn-el-Gebbel.

Les ruines d'Achmouneyn (Hermopolis Magna), situées à deux lieues et demie du Nil, n'offrent plus aujourd'hui qu'un vaste amas de ruines en briques crues, et des restes d'édifices qui ont appartenu à l'époque grecque ou au Bas-Empire romain. Des colonnes de granit disposées en ellipse et portant encore leurs chapiteaux ornés d'acanthe, indiquent l'emplacement d'une église chrétienne bâtie avec les matériaux d'un temple grec ; près de là gisent d'autres chapiteaux de facture byzantine, et plus loin, des tronçons de colonnes doriques à cannelures profondes ; enfin, vers l'extrémité nord des ruines, qui couvrent un espace fort étendu, on voit des amas considérables de têtes de morts et d'ossements blanchis par les siècles ; les restes de linceuls et d'étoffes imprégnés de bitume, confondus parmi les ossements, ne laissent pas de doute sur l'antiquité de ces débris et sur l'existence, dans cette partie de la ville, d'une nécropole destinée probablement à la classe nombreuse des habitants qui n'avaient pas le moyen de se ménager une tombe dans la montagne située de l'autre côté du fleuve. J'ai parlé, dans une précédente lettre, des hypogées de Deyr et de la dépendance où ils devaient être de la ville de Schmoûn (1).

Quant au beau portique égyptien qu'on admirait encore ici, il y a quelques années, il a disparu comme s'en sont allés tous les monuments de pierre calcaire. Je n'en ai retrouvé sur place, et après avoir longtemps cherché, que la base d'une colonne portant le nom symbolique de Schmoûn et le cartouche de Philippe-Arridée.

La distance d'Achmouneyn à Toûn-el-Gebbel est d'environ trois heures de marche. On y arrive après avoir traversé une riche plaine qu'arrose pendant l'inondation le canal nommé Bahr-Youseph. Au village de Toûn-el-Gebbel commence une plaine sablonneuse qu'il faut traverser encore l'espace d'une lieue avant d'arriver à la montagne où se trouve le monument dont je vais parler.

(1) Deuxième lettre, page 50.

Il consiste en deux groupes de figures sculptées en ronde-bosse, et en une stèle d'environ quinze pieds de hauteur, taillée sur la face aplanie du rocher qui regarde la plaine. Ces ouvrages sont à côté l'un de l'autre, et ont été exécutés à la même époque et dans le même style que les hypogées d'El-Tell (Psinaula), si remarquables à tant d'égards. La stèle représente, dans sa partie supérieure, le roi debout devant un autel chargé d'offrandes, et les mains élevées vers le disque du soleil dont les rayons, terminés par des mains, s'étendent à la fois sur les offrandes et sur les personnages qui figurent dans ce tableau (1). Derrière le roi paraît la reine, levant aussi les mains vers le soleil ; elle est suivie de deux princesses ses filles tenant en main le sistre. Au-dessous est gravée une inscription de vingt-six lignes, malheureusement fort endommagée. Enfin, en avant de l'autel et sur la même ligne que le roi, est une inscription verticale qui contient une date de l'an VI ; d'où il résulte que le roi dont il est ici question a régné au moins six ans, ce qui donne à ce monument un intérêt tout à fait historique. D'autres renseignements seront encore fournis par ces inscriptions quand elles auront été convenablement étudiées.

(1) *Voir le dessin d'une portion de cette stèle, à la page 59.*

Les deux fragments de cette inscription donnés ici présentent, l'un (A), la date ainsi conçue : *L'an VI, le 13ᵉ jour de mesori, le vivant, Dieu bienfaisant,* etc.; l'autre (B), la bannière du même roi, qui se distingue par le titre *aimé d'Aten-ra.* A la suite on voit l'urœus et le vau-

A

tour, symboles par lesquels on reconnaît que la domination du roi s'étendait à la fois sur la haute et sur la basse Égypte. Quant à la composition de cette stèle, elle semble devoir indiquer, par la présence de deux filles du roi seulement, son antériorité sur plusieurs hypogées d'El-Tell, où le roi et la reine sont suivis, non pas de deux enfants, mais de trois et quatre ; d'où l'on pourrait inférer que le roi n'ayant, à la sixième année de son règne, que deux filles, a dû régner plusieurs années encore, pour que le nombre de ses enfants fût ainsi doublé à l'époque où l'on exécuta les hypogées d'El-Tell. Chacune des filles du roi se distingue par une légende nominative qui lui est propre.

Les deux groupes sculptés en ronde-bosse sur la gauche de la stèle, représentent le roi et la reine de proportions plus fortes que nature, debout, les bras étendus en avant et appuyés sur une sorte de massif dans lequel la partie antérieure de leur corps se trouve engagée. La légende du roi et de la reine a été gravée sur les bords en saillie de ces massifs, qui paraissent avoir eu pour objet de représenter une sorte de draperie tombante ou cadre dont l'idée première n'est pas encore expliquée. A côté du second groupe, on a sculpté en bas-relief les figures en petit des princesses, accompagnées de leur titre *fille royale*.

Je borne ici, Monsieur le ministre, ce qu'il y aurait à dire au sujet de ces monuments curieux sous tant de rapports, et j'abrégerai cette lettre déjà trop longue, en me bornant à une observation concernant la localité de Toûn-el-Gebbel. Toute la plaine qui s'étend au sud et au nord du monument que je viens de décrire, présente une continuité de monticules formés de débris antiques, un terrain remué anciennement, et des restes de momies qui annoncent l'existence sur ce point d'une ville considérable ; l'antiquité de cette ville est attestée par l'aspect même des lieux, qui ne présentent plus que des indices, en quelque sorte superficiels, car le sable du désert a nivelé le terrain ; mais les vestiges que je signale s'étendent au loin de toutes parts, et il est d'autant plus certain qu'une ville très-importante a existé de ce côté, qu'on trouve encore, par des fouilles faites dans les parties qui tenaient à la nécropole, des momies et des images funéraires dont l'exécution rappellerait les meilleurs temps de l'art égyptien, mais que leur vétusté réduit à un état de décomposition qui ne permet que difficilement de les conserver. J'ai pu me procurer ici plusieurs figures sculptées en bois et peintes, que je souhaite de pouvoir amener jusqu'à Paris, comme monuments de la plus haute antiquité.

Quant à la localité dont il est ici question, son nom moderne, *Toún*, rapproché du nom ancien, *Thóni*, ne permet guère de douter que ce soit là l'emplacement de la ville désignée sous le nom de *Tanis superior*, ville beaucoup plus ancienne probablement que la Tanis du Delta, et qui semble devoir revendiquer pour elle l'origine de quelques vieilles dynasties royales confondues, à cause de la similitude du nom, avec celles de Tanis de la basse Égypte.

Après avoir quitté les rives de Mellawy, j'ai continué de descendre le Nil et ne me suis arrêté qu'en passant, à Samallout où je n'ai trouvé de l'ancienne Cynopolis que les buttes de décombres où s'élève le bourg moderne. Je me dirigeais sur le Fayoum, espérant visiter en détail ces lieux si riches en souvenirs antiques; mais déjà je succombais à la fatigue, et arrivé à la hauteur de Benisouef, j'ai senti la nécessité de gagner le Caire pour y prendre quelque repos, me réservant de revenir de ce côté un peu plus tard. Le sort avait décidé autrement : atteint de la dyssenterie, j'ai dû céder à l'avis des médecins, qui m'avouèrent n'avoir plus à me donner d'autre conseil que celui de quitter au plus tôt le Caire, et autant que possible Alexandrie, et de m'embarquer pour la France.

Agréez, etc.

SIXIÈME LETTRE.

A M. LETRONNE, MEMBRE DE L'INSTITUT, ETC.

Paris, 20 décembre 1839.

Monsieur,

Je m'étais promis de vous rendre compte de mes excursions aux environs des pyramides de Ghizé; mais le séjour que je fis sur ce point, à l'époque de mon arrivée en Égypte, ayant dû être abrégé par la nécessité de profiter de la saison pour me rendre dans l'Égypte supérieure, je comptais revenir plus tard aux ruines de Memphis, explorer toute la région des Pyramides ainsi que le Fayoum, et pouvoir alors mettre sous vos yeux un ensemble d'observations qui eût ajouté quelques notions nouvelles au peu que nous savons sur des lieux et des monuments qu'enveloppent tant de mystères. Mais la maladie m'a forcé de quitter subitement l'Égypte et de différer de nouveau l'accomplissement de mes projets. Réduit aux seules observations faites pendant ma première excursion et à quelques remarques accessoires, j'ai toutefois pensé, Monsieur, que cette lettre, bien que restreinte dans son objet, ne vous paraîtrait pas totalement dépourvue d'intérêt. J'ai compté, avant tout, sur l'extrême bienveillance qui vous porte à ne pas dédaigner les modestes aperçus du voyageur, de même qu'à encourager les travaux plus approfondis des savants, qui tous ambitionnent également votre suffrage.

En arrivant aux pyramides de Ghizé, mon premier soin a été de parcourir le sol qui les environne, pour reconnaître les fouilles récemment opérées par le colonel Wyse. Ces travaux ont porté sur différents points et produit quelques résultats qui nous seront bientôt et complétement connus, par la publication qui en est faite en Angleterre. Déjà M. Ch. Lenormant, dans son intéressante notice sur Mycérinus, avait fait connaître en France la curieuse découverte du nom de ce roi gravé sur son cercueil; et on lit dans la même brochure une lettre du docteur Lepsius relative aux chambres et aux légendes de Chéops, trouvées dans la grande pyramide.

On croyait généralement, mais à tort, que ces

chambres étaient, comme celle du sarcophage, construites dans les proportions ordinaires, tandis que leur peu d'élévation, la disposition des pierres de plafonds et l'état brut de la bâtisse dénotent, comme l'avait depuis longtemps observé M. Jomard et comme le confirme M. Lepsius, l'intention de l'architecte de soulager le plafond de la chambre du roi, en ménageant au-dessus, des vides propres à servir de décharge et à diminuer l'énorme pression de la masse supérieure. D'autres vides semblables existent probablement encore plus haut, car pour rendre complétement théorique l'intention de l'architecte de la pyramide, il faut admettre que la série des plafonds de décharge superposés les uns aux autres, s'étend à une assez grande hauteur, et peut-être en se rétrécissant selon l'inclinaison générale des faces de l'édifice. Du reste, la seule disposition reconnue par les découvertes de MM. Caviglia et Wyse, ajoute à l'idée que déjà, par d'autres observations, on devait se faire de l'expérience et du jugement qui ont présidé à ces énormes travaux.

Il eût donc été peu logique de croire qu'avec un art aussi avancé l'écriture ne fût pas encore en usage à la même époque. Le témoignage de divers auteurs déposait du contraire. Champollion l'avait déjà confirmé en lisant dans le tombeau d'Eïméï, voisin de la grande pyramide et construit seulement quelques années plus tard, le nom de Chéops, le fondateur de cette pyramide. Enfin, on a trouvé dans les nouvelles cavités mentionnées plus haut, sur les faces dégrossies des pierres, des inscriptions tracées en rouge et ayant servi de marque dans les carrières avant leur extraction. Au nombre de ces inscriptions reparaît le même cartouche de Souphis, le Chéops d'Hérodote, le Schoufou des Égyptiens. Or, ces diverses circonstances, en confirmant à la fois la donnée historique et la vérité si longtemps contestée des lectures de Champollion le jeune, doivent lever les doutes que certains esprits auraient pu conserver sur l'usage parfaitement établi de l'écriture au temps de la construction des pyramides. Les observations de M. Ch. Lenormant n'ont pu qu'ajouter à l'évidence de ce fait, et si je le reprends à mon tour, c'est pour aller plus loin encore, en exprimant la conviction où je suis que l'écriture hiéroglyphique, telle que nous l'offrent les plus anciens et les plus beaux monuments de l'Égypte, était inventée, perfectionnée et définitivement établie à des époques de longtemps antérieures à celle des pyramides, même les plus anciennes, de Sakkarah et d'Abousir. Le vieux tombeau de la vallée de l'ouest, à Thèbes, dans lequel le système hiéroglyphique se montre à son état de perfection, daterait de la deuxième dynastie, si, comme je crois l'avoir reconnu, il appartient au roi Binothris (1); autrement il pourrait remonter peut-être plus haut encore. Nous avons aussi le nom hiéroglyphique de Ménès, bien que le monument qui le fournit soit d'une date plus récente; des faits de plus d'un genre doivent d'ailleurs servir de base à la conviction que je ne fais ici qu'énoncer. Mais, à ne considérer que le point extrême où remontent dans l'antiquité les témoignages d'une écriture et d'institutions complétement organisées, il est permis de croire que cette longue période, antérieure aux dynasties royales et que les traditions désignaient sous le nom de règne des dieux, a été celle où la caste des prêtres, dominant en Égypte, travaillait au développement intellectuel et social du pays. Ce qui me paraît hors de doute, enfin, c'est qu'à l'époque où le premier roi d'Égypte, Ménès, s'empara du trône, l'œuvre de la civilisation égyptienne était accomplie, et n'eut plus qu'à se soutenir à travers cette longue succession de dynasties et d'événements dont l'histoire et les monuments nous ont en partie conservé le souvenir (2).

(1) V. la note, page 95.
(2) On peut rapporter ici, comme élément de discussion,

Des déblais considérables ont été faits au pied de la grande pyramide, du côté de l'entrée, où l'on a mis à découvert les restes du dallage qui environnait ce monument. On a également déblayé à l'intérieur le couloir qui, partant de l'entrée du monument, se prolonge à une grande profondeur dans le rocher, où il aboutit à une chambre située sous la verticale de la chambre du roi.

Plusieurs des petites pyramides construites aux alentours de la grande ont aussi été rouvertes ; leur intérieur ne présente qu'un couloir incliné conduisant à la chambre funéraire. Leurs parois sont entièrement nues, et je n'ai vu que

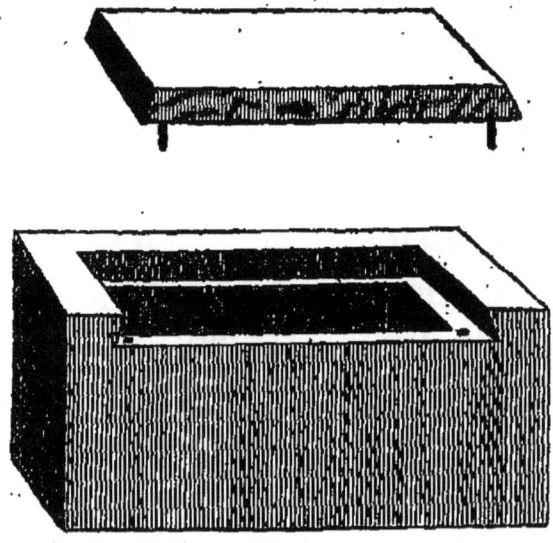

dans l'une d'elles un sarcophage. La cuve est en

la note concernant les cartouches royaux d'El-Tell, qui se trouve à la page 71.

granit rouge, dépourvue de sculptures, mais remarquable par son exécution, la vivacité de ses arêtes, et par son système de clôture, analogue à celui des coffrets funéraires en bois qui se voient dans toutes les collections d'antiquités égyptiennes. Cette fermeture consiste en une rainure en biseau ménagée aux deux côtés supérieurs et en dedans du sarcophage. Le couvercle introduit dans cette double rainure en manière de tiroir, était scellé par des boulons mobiles en métal, qui, une fois introduits, ne pouvaient plus être retirés. On dut briser le couvercle pour avoir la momie.

On aperçoit, au plafond de la même chambre, des restes d'inscriptions tracées en rouge, ainsi qu'un cartouche royal; mais il m'a été impossible d'y rien reconnaître, tant l'écriture est effacée.

Enfin, dans la troisième pyramide, le *Mycérinus*, et dans l'espèce d'élargissement du couloir qui forme comme une antichambre ou vestibule en avant de la salle funéraire, j'ai remarqué, dans les parois latérales du mur, des rainures verticales, prismatiques, taillées en retraite et semblables à celles qu'on rencontre dans la plupart des monuments égyptiens des plus anciennes époques. On ignore le motif de ce genre de décoration, qui semble rappeler les travaux en bois de charpente ou de menuiserie dont l'usage en Égypte est en quelque sorte primitif. La plupart des vieux hypogées de Memphis et de l'Heptanomide, ceux de Thèbes, et enfin les vieilles constructions en briques crues de l'Assassif, présentent ce système de décoration tout à fait caractéristique.

Vers le sud et à peu de distance de la grande pyramide, on voit un énorme puits quadrilatère récemment déblayé par le colonel Wyse. Ce monument n'est pas moins curieux par sa disposition intérieure que par la difficulté et l'énormité des travaux qui l'ont produit. Il est entièrement creusé dans le rocher. Sa largeur est d'environ huit mètres en carré, sur une profondeur de vingt-cinq mètres au moins. Sur ses côtés sont d'autres puits conduisant à des chambres sépulcrales et ayant des ouvertures ménagées dans les parois du puits principal. Au fond de ce dernier est une lourde construction cintrée dont la forme, vue d'en haut, représente celle d'un énorme sarcophage. Après être descendu au fond du puits au moyen de longues échelles de corde, on pénètre à l'intérieur de la construction dont il s'agit par une ouverture pratiquée à l'une de ses extrémités. Une double construction en forme de voûte protége, en lui servant de décharge, une pierre, monolithe d'un poids considérable, au-dessous duquel se trouvait le sarcophage, non moins lourd, du personnage à qui le monument fut destiné. Que de précautions pour un cadavre! Ceux qui violèrent le tombeau ne pouvant enlever le couvercle du sarcophage, le déplacèrent en le tirant à eux et parvinrent ainsi à extraire la momie, soit en entier, soit par morceaux. Le sarcophage est de basalte noir, en forme de momie, et porte une inscription hiéroglyphique donnant les noms et titres du défunt, qui était basilico-grammate ou scribe royal, et prêtre à Memphis. Sur le pourtour intérieur du puits, et à la hauteur d'environ deux mètres du sol, règne une inscription horizontale en une seule ligne renfermant le cartouche prénom de Psammétique.

Coupe transversale du puits et du tombeau.

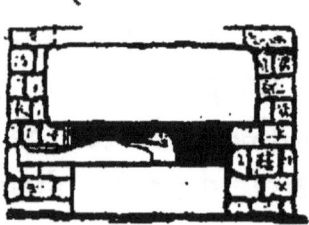

Coupe longitudinale du caveau funéraire.

Le tombeau d'Eïméï, dans lequel j'avais recueilli de nombreuses empreintes estampées (1),

(1) Ces empreintes, ainsi que toutes celles que j'avais recueillies pendant mon voyage, ont été détruites en mer par une voie d'eau survenue à bord du paquebot qui me ramenaït en France.

m'a fourni, par l'examen de ses matériaux, une observation relative au cartouche du prétendu *Sensouphis*: parmi les pierres de taille qui sont entrées dans la construction de ce monument, il en est une qui se trouve dans la partie supérieure de la façade, et qui présente au dedans, du côté de la plate-forme, une portion d'inscription hiéroglyphique renversée qui prouve, par cette position, que la pierre sur laquelle elle a été sculptée appartenait à un autre édifice plus ancien. Cette inscription contient le cartouche dont il s'agit A, précédé d'un titre royal (2).

Nouschouf (le prétendu Sensouphis).   Schofrè (Chephrenes).

(2) Sur une autre partie de la façade, on trouve aussi le cartouche de Souphis, précédé du même titre, plus la qualification de roi-prêtre.

Voici ces titres :

Le titre formé de la *plante* et du segment de sphère,

Il résulterait de cette remarque que le roi dont il s'agit aurait régné au moins antérieurement à la construction du tombeau d'Elméï. Peut-être une étude comparative plus approfondie confirmera-t-elle la conjecture émise par M. Ch. Lenormant sur l'identité du personnage auquel se rapporteraient les deux légendes de *Schoufou* et de *Nouschouf* (1). Toutefois il est à remarquer que ce dernier nom n'est pas, comme celui de Souphis, précédé du titre *roi-prêtre*, d'où l'on pourrait inférer, si l'on admettait l'identité du personnage, que ce titre ne lui a été donné que plus tard. Quoi qu'il en soit, le fait à constater d'abord, est celui de l'antériorité du nom de Nouschouf sur celui de *Schoufou*.

J'ai trouvé, dans plusieurs hypogées voisins des pyramides, le nom (2) que M. Rosellini avait lu *Reschof*, et que M. Lenormant lit Schofré, par une heureuse application de la règle de renver-

---

signes du mot ROI; de la bouche R et du crible Sch, et que je lis : ⲤⲞⲨⲦⲈⲚ ⲢⲀϢ — *Rex moderatus, mansuetus*, répondrait à l'exemple analogue ⲢⲈⲨ-ⲢⲀϢ, *homo actiones suas dimetiens, moderatus*, etc., cité par M. Peyron : *Lex. copt.*, p. 184.

(1) On sait maintenant que la lecture fautive de *Sensouphis* provient d'une erreur typographique de l'édition du Syncelle, où la dernière syllabe du verbe ἐβασίλευ-σεν a été rapprochée du nom de σούφις.

(2) V. ce cartouche à la page précédente 145, (B.)

sement indiquée dans sa brochure (1). Cette lecture nous révèle le Chéphrenes d'Hérodote, l'auteur de la grande pyramide. J'ai aussi remarqué à la suite de ce nom le groupe hiéroglyphique ωεp—ν (suivi du figuratif pyramide) : *grand de* ou *par la pyramide* ; allusion au monument que ce roi aurait fait construire et que les Égyptiens regardaient peut-être comme le plus grand de tous, bien que sa position sur un plan du rocher moins élevé que celui de Chéops le mît au second rang et le fît paraître moins grand que l'autre.

Puisque nous nous trouvons sur le terrain des pyramides, peut-être, Monsieur, ne trouverez-vous pas déplacées ici quelques observations sur l'origine de ces monuments si anciens, si gigantesques, si curieux à tous égards.

(1) On sent ce qu'aurait de subversif une application trop étendue de cette règle, qui sans doute ne servait qu'à titre d'exception, et dans certaines combinaisons qu'il serait utile de déterminer. Déjà Champollion avait saisi le point de départ de cette règle, en écrivant la terminaison χερης à côté de tous les cartouches dans lesquels le signe hiéroglyphique KA (*les deux bras élevés*) se trouve, soit seul, soit combiné avec d'autres signes, à la suite du disque ΦρH (Phré) ou pH (RÈ).

Je dois cette remarque à une obligeante communication de M. Champollion-Figeac.

Je ne reprendrai pas l'énumération des tumulus, des constructions coniques, des nuragghes et autres monuments primitifs dont l'histoire se rattache par analogie à celle des pyramides. Le savant Zoéga, dans son ouvrage sur les obélisques, a pris la question d'origine d'aussi loin que possible, et explique, sous le point de vue général, l'invention des monuments de ce genre, par l'usage commun à tous les peuples anciens, de signaler par des tertres factices ou par des accumulations de pierres, les lieux remarquables par de grands souvenirs ou par des sépultures humaines. Chez les Égyptiens, la construction des pyramides résulte principalement de l'usage où ils étaient d'inhumer les morts dans des montagnes, hors des atteintes du fleuve. L'inhumation dans la montagne est une tradition qui se trouve textuellement consacrée dans le rituel funéraire, livre dont la composition remonte aux temps les plus reculés. La montagne d'occident, ⲡ'ⲧⲱⲟⲩ-ⲛ'-ⲉⲙⲉⲛⲧ, désigne l'asile des morts, par une allégorie empruntée au mythe du soleil, d'après laquelle la vie était comparée au cours de cet astre, la mort à son déclin. L'empire des morts avait son siége dans l'hémisphère inférieur (*in inferis*), dont les portes étaient à l'occident (1).

(1) V. dans la *Revue des Deux-Mondes*, un intéressant

Les Grecs, qui avaient reçu des Égyptiens cette tradition, l'ont consacrée dans leur propre mythologie. Mais chez les Égyptiens elle avait un caractère complet et tout local. La montagne de Thèbes à laquelle appartient en propre la désignation hiéroglyphique de ⲡ'ⲧⲱⲟⲩ-ⲛ'-ⲉⲙⲉⲛⲧ: *Ptóou-en-Ement*, était située à l'occident du fleuve et de la ville. C'est derrière elle que le soleil disparaît à son coucher; c'est dans son sein qu'était déposée la dépouille des rois qui, de leur vivant comme après leur mort, étaient assimilés au Soleil, identifiés à ce dieu.

Ces souvenirs m'avaient surtout frappé à Thèbes, toutes les fois que, suivant les détours de la vallée qui conduit aux tombeaux des rois ou à la vallée de l'ouest, je voyais s'élever en pointe et dominer sur les autres sommets, le sommet colossal de la montagne; de tous côtés il forme le point culminant et appelle les regards. De si loin qu'on la voie, en suivant la vallée de Biban-el-Molouk, cette montagne présente une masse pyramidale et échelonnée qui dut de tout temps frapper l'esprit observateur des Égyptiens; pour eux, tout dans ces lieux devait avoir

---

article de M. Letronne sur la cosmographie des anciens. Cette tradition sur la porte de l'occident y est mentionnée.

un caractère sacré et porter leur esprit vers ces idées de symbolisme qui leur étaient habituelles.

Cette forme caractérise généralement toute la chaîne de montagnes qui borde de chaque côté la vallée du Nil; partout la coupe transversale de ses sommets présente la même physionomie; mais la montagne dont il est ici question rappelle surtout, et d'une manière si frappante, la forme élémentaire des pyramides, qu'il m'a semblé voir en elle le type naturel et originaire de ces monuments. N'est-il pas singulier que précisément la montagne qui domine cette vallée des

Montagne de Thèbes.

tombeaux, la plus sainte, la plus antique, se trouve offrir dans ses contours le caractère le plus propre à rendre compte de la forme des pyramides les plus anciennes. La vallée de Biban-el-Molouk dut être, dès la plus haute antiquité, avant même qu'il existât aucune pyramide, consacrée à la tombe des rois, et le vieux tombeau de la vallée de l'ouest serait à lui seul un témoignage de l'ancienneté des inhumations royales dans cette partie de la montagne; sans parler de la nécropole de Thèbes, également située au pied de ce même sommet qui, de toutes parts, domine le séjour des morts.

D'après toutes ces considérations, il est naturel de penser que les rois qui vinrent établir leur séjour à Memphis, voulant, autant que possible, rappeler et perpétuer les usages de Thèbes la ville sacrée, l'antique siége des traditions, songèrent à élever au-dessus de leurs tombes des montagnes factices, là où la nature n'offrait que des collines, et donner à ces masses une forme dont la montagne de Thèbes leur offrait elle-même le type. Ainsi se trouvaient littéralement réalisées, à Memphis comme à Thèbes, ces paroles du rituel où le dieu des enfers dit au roi : *Je t'ai accordé une demeure dans la montagne de l'occident.*

On peut regarder comme le monument le plus ancien, le premier essai de ce genre, le rocher taillé de Meydoûn, situé à peu de distance du

Nil et désigné par les modernes sous le nom de Aram-el-Kaddab, *la fausse pyramide*. C'est aussi le monument le plus méridional.

Pyramide de Meydoun.

Les pyramides d'Abousir et de Sakkarah viennent ensuite.

Or, si l'on examine les diverses formes données aux pyramides et que, pour en suivre les modifications on remonte des plus récentes, qui sont celles de Ghizé, aux plus anciennes, celles de Sakkarah, d'Abousir, etc., on observera les gradations indiquées par les dessins que j'en donne, lesquelles procèdent, ce qui n'est pas moins digne de remarque, selon l'ordre à la fois chronologique et géographique propre à la vallée du Nil, c'est-à-dire, en partant du point le plus méridional et se dirigeant vers le nord. Cette marche représente aussi le déplacement successif de la ville de Memphis et son extension vers la partie septentrionale où s'élèvent, comme dernières limites, les pyramides simples et parfaites de Chéops, Chéphrenes et Mycerinus (1).

Pyramides d'Abousir, Sakkarah, Ghizé.

Je ne m'étendrai pas davantage sur un sujet qui fournirait matière à de longs développements ; je n'ai voulu qu'indiquer les éléments d'une

---

(1) Je dois à l'amitié de M. Horeau, architecte, la communication du monument que je reproduis ici, et dont il a lui-même pris le dessin et relevé le plan dans son voyage en Nubie. Le monument consiste en une montagne naturelle, de forme pyramidale et dans laquelle on a creusé un spéos décoré de sculptures peintes. L'époque et le sujet de ces sculptures ne nous sont pas connus ; mais ce qu'il importe d'observer, c'est la forme de cette montagne et le parti qu'on en a tiré, ce qui lui donne naturellement place au nombre des exemples rapprochés ci-dessus.

conjecture qui m'a semblé n'avoir pas besoin d'une plus ample discussion pour être facilement admise, surtout si elle avait votre approbation.

Il me reste, Monsieur, a vous soumettre la copie des deux inscriptions grecques mentionnées dans mes lettres des 3 janvier et 28 février derniers. La première est celle de Téhneh, l'ancienne Akoris, dans l'Égypte moyenne. La dernière ligne de cette inscription présente seule des doutes sur la lecture de deux mots. Le premier, à la suite du nom d'Akoris, se compose de six lettres, ΕΡΕΕΩΣ ou ΕΡΡΕΩΣ, dont je n'ai pu reconnaître qu'une partie, quelque attention que j'aie mise à l'examiner.

L'autre observation porte sur le titre ΜΟΧΙΑΔΙ donné à Isis, et que je croyais dérivé d'une étymologie égyptienne. J'ai mis, dans une note ajoutée à ma lettre du 3 janvier dernier, les remarques que ce mot m'avait suggérées ; mais il vous appartenait, Monsieur, de décider la question d'une manière définitive (1).

L'autre inscription est celle du propylon d'Akmym, dont vous avez, dans vos recherches sur l'Égypte, donné une restitution d'après les copies de Pococke et d'Hamilton. Cette inscription est

---

(1) V. à la page 36 cette inscription, avec la note qui la concerne, et les corrections de M. Letronne.

aujourd'hui plus mutilée, plus fruste que jamais, et elle est en partie masquée par un autre bloc de pierre qui ajoute à la difficulté de la déchiffrer ; enfin, ce n'est qu'en profitant du seul instant de la journée où le soleil éclaire l'inscription de rayons obliques, que j'ai pu obtenir cette copie, moins étendue encore que celles des autres voyageurs ; mais elle offre avec celles-là des différences qu'il vous appartient d'examiner. Il en est une, surtout, que j'ai été d'autant plus surpris de remarquer dans les autres copies, qu'il suffisait, pour l'apercevoir, d'une médiocre attention : c'est dans le mot ΤΡΙΣ|ΧΙΔΟC, où la lettre Σ|Χ, restée douteuse, est complétée par un trait vertical qui en fait un φ. Je puis également vous répondre de l'exactitude de la syllabe το redoublée à la cinquième ligne (1).

Je joins à ce qui précède l'inscription suivante, copiée sur une stèle trouvée à Abydos, mais que je n'ai pu déchiffrer en entier, à cause de la mauvaise conservation du monument dans sa partie inférieure. (V. ci-après, p. 161, n° II.)

Le tableau représente un empereur romain en adoration devant le dieu Aruéris et la déesse Hathor. Le cartouche royal est resté vide.

Agréez, etc.

(1) V. ci-après, p. 156, n° I, les observations de M. Letronne.

OBSERVATIONS DE M. LETRONNE

SUR LES INSCRIPTIONS GRECQUES MENTIONNÉES
DANS LA LETTRE QUI PRÉCÈDE.

N° I.

Si l'on compare cette copie à celle de Pococke et d'Hamilton, dont je me suis servi pour rétablir l'inscription (*Recherches, pour servir à l'histoire de l'Égypte*, p. 199), on verra que l'original est maintenant un peu plus effacé qu'il ne l'était, lorsque ces deux voyageurs l'ont copié. Dans la partie conservée, elle confirme les restitutions que j'ai proposées; elle perd plusieurs leçons douteuses, et donne deux leçons nouvelles.

La première ligne ne laisse aucun doute sur ma restitution.

La deuxième paraît complète, en sorte que les suppléments que j'ai proposés pour en remplir le commencement et la fin sont inutiles. Il n'y avait rien avant καὶ τοῦ παντός; ni après μεγίστῳ.

La troisième est bien telle que je l'avais lue; excepté que la finale ωνος peut aussi bien appartenir à Τρύφωνος qu'à Σκιπίωνος; mais plus probablement au premier nom qu'au deuxième.

La quatrième est aussi conforme à ma restitution; mais la ligne transversale, au milieu des Χ|Σ, donne une forme remarquable et insolite du Φ; et il en résulte le mot Τρίφιδος, nom d'une divinité principale, comme Pan, mais je pense tout à fait inconnue.

La cinquième est aussi altérée au commencement dans cette copie que dans les autres. M. L'hôte observe que les noms ont été effacées au marteau. La lacune était occupée par le nom du préfet d'Égypte, dont la conduite avait sans doute mérité cet outrage.

Après ἄρχου (reste de ἐπάρχου), M. L'hôte a distingué les lettres ΑΜΥΓΤϹΙ qui sont évidemment le mot ΑΙΓΥΠΤΟΥ, comme je l'avais conjecturé ayant lu ἐπάρχου Αἰγύπτου.

Hamilton avait lu ensuite ΗΡΞΑΤΟΕΡΤΟΝ; et il m'avait paru qu'on devait lire ἤρξατο ἔργον, non ἔργου, en mettant un verbe après : ma conjecture est confirmée par l'article τό que M. L'hôte a vu très-distinctement; la leçon devient ἤρξατο τὸ ἔργον. L'absence de l'article m'avait toujours choqué.

A la ligne 6, les lettres **CYNETEΛEϹΘΗΑϹ** doivent se lire συνετελέσθη δὲ, non συνετέλεσεν δέ, comme j'avais lu d'après Hamilton.

La dernière ligne, presque complette, au temps d'Hamilton, est en grande partie effacée. Il ne subsiste plus que **[TPAIAN]OY CEBAC-TOY ΓEPMANIKOY**. La voici, donc, avec les restitutions qu'on peut regarder comme certaines, d'après la comparaison des trois copies. (*Voyez* à la page 160 ci-après.)

Et d'abord, pour qu'on juge mieux et des secours que ces copies ont fournis, et du parti que j'en avais tiré, je les place ici l'une sous l'autre, en conservant la position relative des lettres dans chacune d'elles; chaque ligne est désignée par l'une des lettres H, P et L, initiales des noms des voyageurs auxquels nous les devons. On verra que M. Hamilton s'est attaché avec un soin scrupuleux à reproduire toutes les lettres qu'il pouvait distinguer, sans s'astreindre à indiquer avec précision le nombre des lettres contenues dans les lacunes; tandis que Pococke, moins attentif à suivre les vestiges des lettres conservées, l'a été beaucoup plus à donner la grandeur juste des intervalles dans lesquels il n'en apercevait pas. M. Lhôte, à qui ces remarques étaient connues, s'est attaché à reproduire à la fois les lettres qu'il pouvait distinguer, en observant leur position relativement à celles des lignes de dessus et de dessous, et à rendre aussi dans leur mesure exacte les lacunes qu'il rencontrait.

I. Copies comparées.

1	H.	.........ΙΟCΚΑΙ................ΑΝΟΥCΕΒΑCΤΟΥΓΕΡΜΑΝΙΚΟΥ..ΚΙΚΟΙ
	P.	..............................ΑCΤ...ΕΡΜΑΝΙΚΟ......
	L.	.........ΡΟCΚΑΙC...........ΑΝΟΥCΕΒΑC...ΓΕΡΜΑΝΙΚΟΥΑΚΙΚΟΥ..
2	H.	....ΚΑΙΤΟΥΠΑΝΤΟC..........ΠΑΝΙΘΕCΞΙΜΕΠCΤΞΞΙ............
	P.	...........ΚΑΙΤΟΥΠΑΝΤΟC..........ΠΑΝΙΟC............
	L.	..........ΚΑΙΤΟΥ ΠΑΝΤΟC..........ΠΑΝΙΘΕCΞΙΜΕΓΙCΤΞΞΙ.......
3	H.	ΤΙΒΕΡΙΟCΚΛΑΥΔΙΟCΤΙΒΕΡΙΟΥΚ..........ΞΝΟCΠΟC ΚΟΥΡΙΝΑΑΠΟΛΛΙΝΑΡΙC
	P.	ΤΙΒΕΡΙΟCΚΛΑΥΔΙΟCΤΙΒΕΡΙΟΥΚ..........ΝΟCΠΟCΚΟΥΡΙΝΑΑΠΟΛΙ
	L.	ΤΙΒΕΡΙΟC ΚΛΑΥΔΙΟC ΤΙΒΕΡΙΟΥΚ..........CΞΝΟCΠΟCΚΟΥΡΙΝΑΑΠΟΛΛΙΝΑΡΙC
4	H.	..ΤΞΞΝΚΕΧΕΙΛΙΑΡΧΗΚΟΤΞΞΝ....ΙCΤΡΙΞΞΙΔΟC ΚΑΙΠΑΝΟCΘ Ε ΞΞΝ ΜΕΓΙCΤΞΝΙΟ
	P.	...Τ·Ν ΚΕΧΕΙΛΙΑΡΧΗΚΟΤΞΞΝ.....ΗCΤΡΙ......Ι.....ΛΟ CΙΑ ΠΑΝΟCΟC.Ν
	L.	..ΤΞΞΝ ΚΕΧΕΙΛΙΑΡ ΧΗΚΟΤΞΞΝ.....ΙC ΤΡΙΞΞΙΔΟC Κ ΑΙ ΠΑΝΟC Θ Ε ΞΞ Ν ΜΕΓΙCΤΞΞΝ
5	H.	......ΕΠΠΙ....ΙΟΥ..........ΑΡΧΟ........ΗΡΞΑΤΟΕΡΓΟΝ.....
	P.	..........CΥΠC.......Υ.....Π.....................
	L.	..................ΠΑΡΧΟΥΑΙΓΥΠΤΟΥ ΗΡΞΑΤΟΤΟ ΕΡΓΟ.......
6	H.	................CΥΝΕΤΕΛΕCΑΝΔΟ................
	P.	................CΠΝΕΤΕΛΕCΟΠΔC................
	L.	................CΥΝΕΤΕΛΕCΘΗΔC................
7	H.	ΙΒ ΑΥΤΟΚΡΑΤΟΡΟΞ...........ΟΥCΕΒΑCΤΟΥ ΓΕΡΜΑΝΙΚΟΥΔΑΚΙΚΟΥ ΥΠΑΡΞΕΝΤΟC
	P.	ΤΙΒ ΑΥΤΟΚΡΑΤΟΡΟC ΚΑΙCΑΡΟCΝΕΡΟΥ ΑΤΡΑΙΑΝΟΥCΕΒΑCΤΟΥ ΓΕΡΜΑΝΙΚΟΥ.........

II. *Texte restitué.*

ΥΠΕΡΑΥΤΟΚΡΑΤΟ]ΡΟϹΚΑΙ[ϹΑΡΟϹΝΕΡΟΥΑΤΡΑΙ]ΑΝΟΥϹΕΒΑϹΤΟΥΓΕΡΜΑΝΙΚΟΥ[ΔΑ]ΚΙΚΟΥ
..........ΚΑΙΤΟΥΠΑΝΤΟϹ[ΑΥΤΟΥΟΙΚΟΥ]ΠΑΝΙΘΕΩΣΕΙΜΕΓΙϹΤΩΣΙ..............
ΤΙΒΕΡΙΟϹ ΚΛΑΥΔΙΟϹ ΤΙΒΕΡΙΟΥ Κ[ΛΑΥΔΙΟΥ ΤΡΥΣ|Ω ΝΟϹΥΙΟϹ ΚΟΥΡΙΝΑ ΑΠΟΛΛΙΝΑΡΙϹ
ΑΠΟ]ΤΩΣΝΚΕΧΕΙΛΙΑΡΧΗΚΟΤΩΣΝΚ[ΑΙΠΡΟϹΤΑΤ]ΗϹΤΡΥΣ}ΣΙΔΟϹΚΑΙΠΑΝΟϹΘΕΩΣΝΜΕΓΙϹΤΩΣΝ ΤΟ
ΠΡΟΠΥΛΟΝ]ΕΠΙΠ[ΟΠΛ]ΙΟΥ..............ΕΠ]ΑΡΧΟΥ[ΑΙΓΥΠΤΟΥ]ΗΡΞΑΤΟΤΟΕΡΓΟΝ
............................ϹΥΝΕΤΕΛΕϹΘΗΔΕ..............
LIB ΑΥΤΟΚΡΑΤΟΡΟϹ ΚΑΙϹΑΡΟϹ ΝΕΡΟΥ ΑΤΡΑΙΑΝΟΥ ϹΕΒΑϹΤΟΥ ΓΕΡΜΑΝΙΚΟΥ ΔΑΚΙΚΟΥ ΠΑΧΩΣΝ ΙΘ̄

Traduction.

« Pour la conservation de l'empereur César Nerva Trajan Auguste, Germanique, Dacique, et de toute sa maison, à Pan, dieu très-grand.

«Tibère Claude Apollinaris, de la tribu Quirina, fils de Tibère Claude Tryphon, ex-tribun militaire, intendant de Tryphis et de Pan, dieux très-grands, a élevé ce propylon, sous Publius ..... préfet d'Égypte.

« Il a commencé l'ouvrage qui a été achevé .... la XIIe année de l'empereur César Nerva Trajan Auguste, Germanique, Dacique, le 19 du mois de Pachon. »

(1) Cf. *Recherches*, etc., p. 227.

N° II.

La dernière ligne de cette inscription est indéchiffrable. Toute tentative de restitution serait infructueuse. Les trois premières doivent se lire ainsi :

ὑπὲρ τύχης Σεβαστῶν, Ἀφροδίτη, θεᾷ μεγίστῃ, Ἀπολλώνιος, ἰατρὸς ἀπὸ Τεντύρων, ἀνῳκοδόμησε τὸ τεῖχος ὑπὲρ τῶν..................

« Pour la fortune des Augustes, à Vénus, déesse très-grande, Apollonius, médecin, de Tentyra, a rebâti ce mur, pour les.......... »

Après Ἀπολλώνιος, il a pu y avoir un nom au génitif, qui serait celui du père d'Apollonius ; cependant on aurait peine à trouver un génitif en IATPOC ; ce qui me fait pencher à voir dans ce mot le qualificatif ἰατρός, outre que la place suffit à peine aux quatre lettres NIOC. Il est vraisemblable que ἀνῳκοδόμησε est, par iotacisme, pour ἀνοικοδόμησε, avec l'omission de l'augment temporel, selon l'usage des bas temps. L'iotacisme se retrouve encore dans τιχος pour τεῖχος. On a suivi dans l'inscription la forme pluriel neutre Τέντυρα, qui paraît avoir été la vraie orthographe ; elle se retrouve encore dans une inscription trouvée à Tentyra même, et qui fait partie du musée du Louvre (Clarac, Pl. LXI, n° 500, A.); c'est celle qu'ont suivie Strabon, Juvénal, Hiéroclès, l'auteur de l'Itinéraire d'Antonin et Ptolémée; la forme Τεντυρίς ne se trouve que dans Pline et Étienne de Byzance. Le mot Σεβαστῶν annonce que l'inscription ne peut être antérieure à Septime Sévère et Caracalla, puisque c'est à partir de ces deux princes qu'eut lieu l'association marquée sur les inscriptions et les médailles par la formule **AVGG.** (*Augustorum*) ou **CEBB.** (Σεβαστῶν), mais elle pourrait être postérieure et appartenir aussi bien aux règnes des Philippe, de Carus et Carinus, de Carinus et Numérianus, de Dioclétien et Maximien, etc. Les fautes d'orthographe annonceraient un fort bas temps, si l'on n'en trouvait de pareilles sur des inscriptions, même du règne de Trajan, comme celle que je viens de citer, où nous lisons **ΚΑΤΕCΚΕΔΥΑCΕΝ** pour κατεσκεύασεν, **ΦΡΕΟΡ** pour φρεάρ, **ΠΕΡΙΒШΛΟΝ** pour περίβολον, **ΑΝΕΡ** pour ἀνήρ, et d'autres du même genre.

LETRONNE.

APPENDICE.

§ I.

SUR LES HYPOGÉES ROYAUX DE THÈBES.

(Addition à la première lettre, p. 22.)

L'étude attentive des localités m'a fourni plusieurs indications d'après lesquelles il m'a paru qu'on entreprendrait avec succès des fouilles dans diverses parties de la vallée de Biban-el-Molouk (1), notamment dans celle de l'Ouest,

---

(1) Pendant le séjour de la commission franco-toscane à Biban-el-Molouk, j'avais, d'après l'examen des lieux, signalé à Champollion le jeune l'entrée probable d'un hypogée funéraire, qu'effectivement on découvrit après quelques fouilles peu profondes. On dut, pour pénétrer dans le tombeau, faire des déblais considérables; on y retrouva des peintures, le portrait et les légendes d'un des fils de Rhamsès le Grand. (V. *Rosellini*, MR.; pl. XV, n° 62 : *Monumenti dell' Egitto e della Nubia.*) Nous ramassâmes également des

où l'on ne voit aujourd'hui que deux ou trois hypogées seulement, tandis qu'elle en a dû renfermer un plus grand nombre. On ne trouve, dans la vallée de l'Est, que les tombeaux de quelques-uns des rois des dix-huitième, dix-neuvième et vingtième dynasties. Or, on ne sait pas où se trouvent les tombes des rois antérieurs; mais la vallée de l'Ouest nous offre d'un côté l'hypogée d'Aménophis-Memnon, de l'autre celui du vieux roi Binothris (Skhaï), et à côté de ce dernier, deux puits funéraires non achevés ou comblés. Il est donc naturel de penser que les rois thébains des plus anciennes dynasties, jusques et y compris Aménophis-Memnon, furent inhumés dans cette vallée de l'Ouest, et nécessairement dans le voisinage les uns des autres, comme cela eut lieu dans la vallée de l'Est. J'omets ici les considérations topographiques et le détail des indices qu'a pu me fournir l'étude du terrain ; mais je crois utile de noter une obser-

---

morceaux du cercueil en carton peint et des restes de la momie du jeune prince. J'ai regretté depuis de n'avoir pas rapporté la tête, dont la conservation, notamment la peau du visage, blanche et tendue comme du parchemin, indiquait un procédé d'embaumement beaucoup plus soigné que ce qu'on voit d'ordinaire en ce genre. Presque toutes les momies qu'on trouve à Thèbes, comme dans le reste de l'Égypte, sont noires et imprégnées de bitume.

vation dont quelque voyageur plus heureux pourra peut-être un jour faire l'application et vérifier l'exactitude.

Il s'agit d'examiner la direction et la régularité du plan d'un hypogée déjà connu et dans le voisinage duquel on en pourrait trouver d'autres. On remarque, aussi bien dans la nécropole de Qournah que dans la vallée des rois de Biban-el-Molouk, plusieurs hypogées dont l'axe longitudinal n'est pas sur toute leur étendue, en rapport avec la direction qu'indique leur porte d'entrée. Tels sont, pour citer les plus connus, à Biban-el-Molouk, les tombeaux de Rhamsès-Méiamoun et de Ménephtah Ier (Ousiréï), situés dans la vallée de l'Est, et celui d'Aménophis-Memnon dans la vallée de l'Ouest.

En entrant dans le tombeau de Méiamoun (n° 1 de la planche mise en regard de la page 183, ci-après), on suit un couloir qui se prolonge, dans l'axe direct de la porte d'entrée, jusqu'à la distance d'environ cent cinquante pieds. Là il s'arrête tout à coup, fait un coude sur la droite, puis il reprend, par un autre coude, une direction qui se continue parallèlement à l'axe principal, pour conduire à la salle du sarcophage. Or, le coude dont il s'agit serait probablement resté inexpliqué, si, vers ce point, où s'arrête le premier couloir, une percée, jadis murée et recouverte de stuc peint pour masquer le raccommodage, n'eût été mise à jour dans les temps modernes et n'eût révélé une communication fortuite avec un autre hypogée d'une date antérieure. Cette antériorité est prouvée par le fait même de la déviation du tombeau de Méiamoun. Quand les ouvriers s'aperçurent qu'ils pénétraient dans un tombeau voisin, ils réparèrent cet accident en fermant l'ouverture et en recouvrant la maçonnerie par une couche de stuc; on poursuivit ensuite les travaux d'excavation en les reportant à une distance convenable sur la droite.

Il suffirait de cet exemple pour établir, au moins comme probable, une analogie pour tous les hypogées où se reproduirait un cas semblable. Or, le tombeau de Ménephtah Ier (Ousiréï) présente une particularité du même genre. Après être arrivé au bas du grand escalier qui conduit à la première salle ou vestibule, on trouve en face, et dans le prolongement de l'axe d'entrée, une chambre abandonnée à l'état d'ébauche; les parois en sont dressées et couvertes de dessins préparés pour le sculpteur (1). Un motif sans doute raisonnable, et qui s'expliquerait par une

---

(1) On peut même conjecturer que cette salle devait être complétement décorée, mais sans aboutir à aucune autre. Elle est marquée C sur les plan et coupe ci-après, n°s 4 et 5.

circonstance analogue à ce qui est arrivé dans le tombeau de Méiamoun, aura fait abandonner cette pièce, sur des indices qui maintenant nous échappent. Alors, on dut reporter les travaux d'excavation sur la gauche; mais au lieu de rester sur le même niveau, on tailla un second escalier conduisant à un plan inférieur, où il fût possible de prendre du développement, sans craindre, sans doute, la rencontre de quelque autre tombeau.

Cet hypogée fut entrepris sur la plus vaste échelle, et en cela il devait répondre à la puissance du Pharaon à qui il était destiné. Indépendamment des différentes pièces qui environnent la salle du sarcophage, on voit encore à la suite de celle-là, une vaste chambre et des travaux non achevés; cet abandon s'explique par la mort du prince, au moment de laquelle devaient s'arrêter tous les travaux entrepris de son vivant.

Pour achever de donner une idée de l'immensité des travaux exécutés dans ce monument, il ne faut pas oublier un long et profond escalier (1) dont l'entrée s'ouvrait au-dessous et en arrière du sarcophage (2), lequel avait été placé ainsi, près de son ouverture, comme en manière d'at-

---

(1) Marqué D' sur le plan et la coupe ci-après, n°s 4 et 5.
(2) Marqué D sur les mêmes plan et coupe.

tente (1). Cet escalier, dont la direction est parallèle à l'axe d'entrée du monument, descend par une pente douce et se prolonge à une grande distance souterraine, jusqu'à un point où l'éboulement des rochers l'obstrue et ne permet pas d'aller plus loin. Il est difficile de conjecturer où pouvait aboutir l'issue extérieure de cet escalier, mais ce n'a pu être que du côté de la vallée de l'Assassif, c'est-à-dire, sur la nécropole de Qournah, et à plus de six cents mètres (2) de l'entrée principale du monument. Cet escalier, par cela seul qu'il existe, comme par sa disposition particulière, prouve qu'il avait une issue au dehors ; c'est par cette issue que le sarcophage avait été introduit dans le tombeau, comme plus tard s'y introduisirent les Perses du temps de Cambyse, spoliateurs de la momie royale. On voit, en effet, ménagé dans le milieu de cet escalier et sur toute sa longueur, un plan uni dont le but était de faciliter le transport du sarcophage ;

(1) Cette particularité rappelle ce qui se pratiquait dans les tombes de Saint-Denis, où le dernier roi défunt restait déposé à l'entrée du caveau jusqu'à l'arrivée de son successeur. Mais ici, je crois, cette position en quelque sorte provisoire donnée au sarcophage, résulterait des idées particulières que les Égyptiens attachaient à l'état de l'homme après sa mort, et à sa résurrection future.

(2) 1,800 pieds environ.

les degrés taillés de chaque côté du plan médial offraient aux travailleurs et à leurs machines l'appui désirable. Ce tombeau avait donc deux entrées situées aux extrémités opposées du monument. L'entrée, aujourd'hui la seule ouverte, sur la vallée de Biban-el-Molouk, avait été anciennement condamnée; en effet, lorsque Belzoni, à qui appartient la découverte du tombeau, eut déblayé le grand escalier qui y conduisait, il trouva au bas de cet escalier un puits carré, comblé, et dont la destination était, comme je l'ai reconnu par d'autres exemples, de servir à l'absorption des eaux pluviales, et de préserver ainsi de leur envahissement l'intérieur du tombeau. Là était une pièce (1), espèce de vestibule dont les parois étaient revêtues de stuc peint. Belzoni, pensant que l'entrée du tombeau se trouverait plus bas, vers le fond du puits, allait entreprendre des fouilles, quand il s'aperçut, en frappant sur la paroi du fond de cette pièce, faisant face à l'entrée, qu'elle rendait un son, indice du vide qui se trouvait derrière. On abattit le mur et l'on pénétra dans la salle d'entrée (2), véritable vestibule du tombeau. Belzoni croyait ouvrir une tombe intacte; mais, comme on l'a

(1) Marquée A sur le plan et la coupe n°s 4 et 5.
(2) Marquée B sur le plan et la coupe n°s 4 et 5.

vu plus haut, le monument avait été violé; les spoliateurs s'y étaient introduits par l'autre issue, et n'avaient laissé, de toutes les richesses d'art qu'il renfermait, que ses brillantes sculptures peintes, les débris déchirés de la momie royale, et cette prodigieuse quantité de figurines de toutes matières qui se sont, depuis la découverte de Belzoni, répandues dans les diverses collections égyptiennes de l'Europe.

La remarque exposée plus haut se reproduit au sujet du tombeau d'Aménophis-Memnon, situé dans la vallée de l'ouest de Biban-el-Molouk (1). Là se présente, comme dans l'hypogée découvert par Belzoni, un escalier terminé par un puits carré, dont les quatre faces latérales sont décorées de peintures sur enduit. Dans la paroi du fond on a percé la porte du tombeau; mais, au lieu de placer cette porte vis-à-vis et dans l'axe longitudinal du couloir d'entrée, on l'a percée sur la gauche, et tout le monument a été excavé dans la même direction, en sorte que la symétrie générale de l'hypogée se trouve faussée, sans qu'on puisse se rendre compte de cette déviation autrement que par le motif exposé plus haut. Je pense donc qu'une tombe royale, d'une époque antérieure à celle d'Aménophis, existe dans le

(1) V. le plan n° 3.

voisinage de cette dernière, et qu'il suffirait, pour la découvrir, de diriger des travaux d'excavation sur la droite, vers l'angle du mur opposé à celui où existe la porte ou passage menant à l'intérieur du tombeau d'Aménophis (1).

On sait, il est vrai, d'après ce qui a été observé dans les grands édifices construits par les Égyptiens, qu'ils n'attachaient pas toujours à la régularité générale d'un plan une grande importance : les exemples de déviation y sont même très-fréquents ; mais alors ils s'expliquent par une succession de travaux exécutés à des intervalles plus ou moins longs, sur des plans divers, et par l'intention particulière attachée à la construction des différentes parties d'un édifice considérées à part. Mais pour ce qui est des hypogées, ces considérations ne peuvent être admises. Une seule intention, une seule pensée avait conçu le plan et dirigeait les travaux, et le rapprochement qu'on peut faire entre les nombreux hy-

---

(1) On peut se rendre compte de l'absence des indices extérieurs ou de la difficulté de les reconnaître, en considérant qu'après la désastreuse invasion des Perses, les Égyptiens, par respect pour les tombes violées, s'empressèrent de les refermer et de masquer leurs entrées par des amas de pierres et de débris, sous lesquels un grand nombre d'entre elles resteront peut-être toujours ensevelies.

pogées funéraires de toute l'Égypte, démontre que la symétrie fut le principe de leur composition, et que tout écart à ce principe dut être occasionné par des causes extérieures, indépendantes des intentions de l'architecte.

Pour appuyer d'exemples cette observation, je réunis dans la planche suivante quelques plans, 1° d'hypogées qui ont pu être terminés régulièrement; 2° de ceux que des causes accidentelles ont fait dévier du principe consacré par les lois de la symétrie.

N° 1. Tombeau de Rhamsès-Méiamoun.
N° 2. Tombeau contigu.
N° 3. Tombeau d'Aménophis-Memnon.
N° 4. Tombeau de Ménephtah Ier (Ousiréï).
N° 5. Coupe longitudinale du même hypogée.
N° 6. Tombeau de Rhamsès V.
N° 7. Tombeau de Rhamsès VI.
N° 8. Tombeau de Siphtah.

APPENDICE. 173

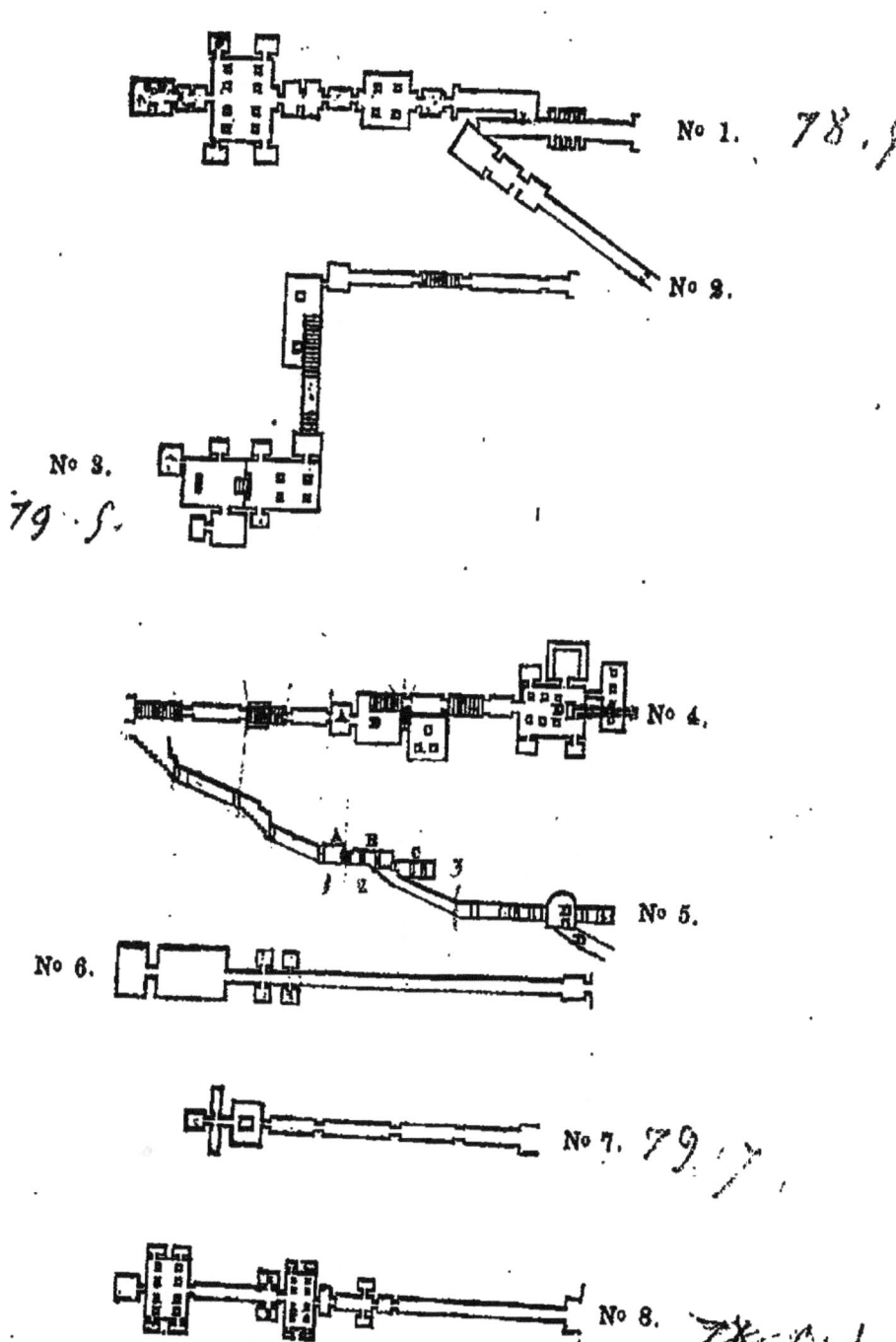

§ II.

DESCRIPTION DES RUINES DE KARNAC.

(Voyez le plan de ces ruines, à la page 189).

Champollion le jeune, dans ses lettres sur l'Égypte, a parlé avec quelque détail des monuments de la rive occidentale de Thèbes, ainsi que du palais de Louqsor; mais il ne dit presque rien des ruines de Karnac, si importantes à tous égards. J'ai pensé que les lecteurs ne me sauraient pas mauvais gré de suppléer à cette lacune par une description sommaire de ces ruines, qui ne sont guère connues que des personnes qui ont pu consulter le grand ouvrage de la commission d'Égypte, et la *Topographie de Thèbes* de M. Wilkinson, dont je me suis aidé dans ce travail (1).

L'approche des monuments de Karnac, en

---

(1) Le fond de cette description est extrait d'une notice que j'avais rédigée dans ma coopération à l'ouvrage publié par M. Ch. Lenormant, sous le titre : *Musée des antiquités égyptiennes*, in-f°. J'y ai ajouté diverses observations recueillies pendant mon dernier séjour aux ruines de Karnac, et une analyse des bas-reliefs historiques de Ménephtah Ier.

venant de Louqsor, s'annonce par les restes d'une avenue de sphinx à tête de bélier A, qui unissait les monuments de Louqsor avec ceux de Karnac. Ces sphinx sont représentés tenant entre leurs pattes la statue du roi Aménophis. L'avenue conduit à un magnifique propylon B, construit sous le règne de Ptolémée Évergète et de Bérénice sa femme. Au delà de ce propylon, une autre avenue de sphinx dont plusieurs subsistent encore, conduisait à un temple C, dont la partie la plus ancienne, c'est-à-dire le sanctuaire, le naos et le portique, a été fondée par Rhamsès IV (Méiamoun), et continuée sous Rhamsès VIII, son quatrième successeur; un dernier Pharaon ajouta à ces constructions une cour à portiques et un pylône. Ce roi, dont le cartouche se lit *Amensi-Pehôr* ou *Bahor*, appartient, suivant Champollion, à la vingtième dynastie, et paraît avoir rempli des fonctions sacerdotales, à en juger par la tête rase, les insignes et les titres de prêtre qui le caractérisent dans les bas-reliefs et inscriptions de ce temple.

Un autre personnage, qui doit être son père, paraît avoir occupé le trône à l'époque où l'extinction de la dynastie thébaine laissa tomber le pouvoir royal aux mains des prêtres. Celui-ci n'osa pas néanmoins prendre ouvertement le cartouche et les insignes de roi. Sa légende se traduit : *Le grand prêtre d'Amon-ra, roi des dieux, Pischam le Juste, fils de Piónkh*. On a cependant découvert dans une partie du temple peu exposée aux regards, cette même légende inscrite dans un cartouche, mais placée dans ce lieu obscur du portique, comme pour dérober au vulgaire les prétentions de l'usurpateur.

Ce temple, consacré au dieu *Khons*, l'un des personnages de la triade thébaine, est désigné dans la description de l'Égypte, sous le nom de *Grand Temple du Sud* (1).

Sur la gauche de ce monument, on trouve un petit édifice D, consacré à la déesse Hathor sous le règne de Ptolémée Évergète II et de Cléopâtre; la partie extérieure de ce temple a été décorée sous l'empereur Auguste. La commission d'Égypte l'a nommé le *Petit Temple du Sud*.

RUINES DU SUD.

Si l'on revient à la grande avenue de sphinx

(1) Un Français qui réside à Thèbes, où il s'occupe de l'étude des antiquités locales, M. Prisse, m'a dit avoir vu parmi les bas-reliefs sculptés dans le sanctuaire de ce temple, qu'il avait fait déblayer, une figure du dieu Chons-*générateur*. Ce fait n'est pas sans importance pour l'étude du mythe religieux; mais j'ai regretté que M. Prisse ne m'ait pas donné plus de détails sur la relation de ce personnage ainsi caractérisé avec les autres divinités de la triade.

A, on trouve, en tournant sur la gauche, une autre avenue E, presque perpendiculaire à la première, et qui conduisait à l'entrée d'une enceinte en briques crues G, dans laquelle on pénétrait par un propylon en grès F, aujourd'hui rasé. Ce grand espace est divisé en deux parties, séparées obliquement par un mur également en briques crues.

La première partie de l'enceinte, qui offre seule des ruines de quelque importance, renferme d'abord les restes d'un temple environné d'un mur, et qui fut consacré à la déesse MOUTH, deuxième personnage de la triade thébaine; cette destination de l'édifice qui complétait avec ceux d'*Amon-ra* et de *Khons* le culte de la triade thébaine, est attestée par des restes d'inscriptions et de sculptures retrouvés dans ses ruines. Ces débris fournissent des portions de légendes des Pharaons Thouthmès III, Aménophis III, Rhamsès le Grand et le nom plus récent de Ptolémée-Philadelphe. Sur la droite de ce temple, vers l'ouest, sont les arases d'un autre bâtiment rectangulaire dont on ignore la destination. On remarque entre ces deux édifices une mare qui paraît avoir été un bassin sacré à l'usage du temple principal dont elle cernait l'arrière-partie. On trouve encore sur la gauche de l'enceinte, au point G', les vestiges d'un autre édifice dont les débris offrent, comme ceux du temple de droite, les noms de Rhamsès III et de Rhamsès IV. D'autres restes de constructions difficiles à reconnaître, des tronçons de colonnes, des avenues de sphinx à tête humaine et à tête de bélier portant le nom de Ménephtah Ier, de nombreuses statues léontocéphales en granit, et des figures colossales plus ou moins mutilées, jonchent de toutes parts ce terrain bouleversé. On y remarque entre autres un colosse renversé de Rhamsès III. Les statues léontocéphales représentant la déesse *Pacht*, gardienne du temple, étaient disposées autour et en dedans de l'enceinte sacrée de l'édifice, en si grand nombre et si près l'une de l'autre, qu'elles se touchent presque ; on en peut compter encore plus de cent demeurées en place.

RUINES DU SUD-EST.

Vers l'angle sud-est de la grande enceinte du palais de Karnac, on trouve une autre enceinte plus petite H, de forme carrée, dans laquelle étaient engagés trois (1) propylons ou portes en pierre de grès ; le plus considérable paraît avoir fait partie d'un pylône. Ces portes conduisaient

(1) M. Wilkinson en indique quatre.

à des constructions dont il ne reste plus que des débris, et qui paraissent avoir appartenu à un temple; des restes de colonnades, les fondations d'une porte et des fragments de statues, sont les seuls débris de ce monument, où l'on n'a retrouvé que le nom de Rhamsès III.

En s'avançant plus vers l'est, au dehors de cette enceinte, on trouve, au point I, les ruines de deux propylons, de quelques colonnes, et des fondations de murs. Tout le terrain environnant est couvert de monticules et de ruines en briques crues.

RUINES DU NORD.

En arrivant à ces ruines par leur extrémité la plus septentrionale K, on trouve les fondations d'un édifice d'une forme particulière (1) et une avenue de sphinx à tête humaine L, conduisant à un propylon semblable à ceux de l'est et du sud, quoique moins grand, et qui porte les légendes d'Évergète, Bérénice et Philopator. En

---

(1) Les auteurs de la grande description de Thèbes ont pu prendre pour les substructions d'un pylône cette ruine, dans laquelle il faut reconnaître un de ces autels que j'ai signalés en décrivant les bas-reliefs d'El-Tell-Amarna (pages 62, 63).

avant du propylon étaient deux statues colossales en grès siliceux, représentant Rhamsès III en pied; d'un côté et de l'autre en dehors de l'avenue de sphinx sont les restes de petits édifices M qui paraissent avoir servi d'habitation.

En s'avançant au delà du propylon d'Évergète, on trouve les socles de deux obélisques N qui décoraient l'entrée d'un grand monument élevé, selon toute apparence, sous le règne d'Aménophis III, dont il porte les légendes. Les obélisques étaient du même Pharaon (1).

Quatre rangées de colonnes formant une sorte de péristyle précédaient un pylône, après lequel venaient d'autres rangées de colonnes qui paraissent avoir soutenu une salle hypostyle O; à la suite on voit les fondations de beaucoup d'autres pièces, de couloirs, de colonnes, puis enfin les restes d'une porte P qui termine de ce côté l'ensemble de ce monument; c'était là vraisemblablement le palais d'Aménophis III.

Ces bâtiments, comme ceux de l'*Aménophéum* de la rive gauche, ont été détruits de préférence, parce qu'ils étaient en pierre calcaire d'un excellent choix et d'une facile exploitation. Des frag-

(1) On lit aussi sur le soubassement du mur de façade de ce monument les restes d'une inscription avec dates du règne de Ménephtah II.

ments de chapiteaux et de colonnes, des statues brisées de différentes matières (1), couvrent le sol de tous côtés et annoncent l'antique magnificence de cette partie de Thèbes (2) ; sur la droite du palais d'Aménophis III sont les ruines Q d'un édifice où l'on trouve les légendes d'Amyrtée. Ces monuments étaient compris dans une enceinte en briques crues, dont on retrouve encore les restes du côté oriental du palais d'Aménophis, ainsi que des vestiges sur les autres côtés.

Enfin, près de la grande enceinte nord du palais, au point R, on trouve les ruines d'un petit édifice précédé d'une porte isolée, et qui est

(1) Tous ces restes se remarquent particulièrement dans l'espace de terrain compris entre les points N et O du plan, où l'on voit aussi d'autres fragments d'obélisques et des débris de sphinx en granit gris portant le nom d'Aménophis III. On trouve çà et là parmi ces ruines les restes de légendes de quelques Ptolémées qui auront fait réparer diverses parties du monument. Des statues léontocéphales et des restes de constructions portant la légende d'Amyrtée se trouvent aussi dans l'arrière-partie du monument, à la suite et aux alentours du propylon marqué P sur le plan.

(2) Le cadre de cette description et les petites dimensions du plan qui l'accompagne ne m'ont pas permis d'indiquer les divers arasements et autres restes de constructions ou de sculptures agglomérés dans la partie P de ces ruines, non plus que d'autres ruines éparses dans différentes parties de la même enceinte.

maintenant enfoui au niveau du sol; ce monument a un pylône de petites dimensions, suivi d'un portique ou pronaos et de plusieurs salles avec un sanctuaire; il a été construit sous le règne de Thouthmès IV (Mœris), et continué, du moins pour la décoration, par Rhamsès III; il offre encore sur différents points les noms d'un roi éthiopien, *Tahraka*, et ceux des Ptolémées Philopator et Évergète Ier. Au point Z' est un petit temple construit et décoré sous les règnes de Psammétique, d'Amasis et de sa femme la reine *Onkhnas*, fille de Psammétique (1).

Au nord-est de toutes ces ruines, en dedans comme en dehors de la grande enceinte du palais, sont d'autres débris de colonnes, de murailles et de portes, trop enfouis pour qu'on ait pu en reconnaître le plan et la destination, mais que des restes d'inscriptions annoncent appartenir au règne des Lagides.

PROPYLÉES DU SUD.

Une avenue de sphinx à tête de bélier (de

---

(1) C'est le sarcophage de cette reine qui a été transporté et vendu au Musée britannique par les officiers de l'expédition du Louqsor. Ce sarcophage se trouvait au fond d'un puits funéraire d'une grande profondeur, situé dans la partie de la nécropole de Thèbes voisine du petit temple d'Hathor, au sud-ouest du Rhamesséum.

Ménephtah II), partant des ruines du sud, au point F, conduisait à l'entrée méridionale de la grande enceinte, et menait, par une suite de pylônes, à l'édifice principal; on désigne cette partie des ruines sous le nom de *Propylées du Sud*.

Le premier pylône T, dont la porte médiale ou propylon est en granit, appartient, ainsi que les deux colosses en grès rouge qui le précédaient, au règne du roi Horus, fils d'Aménophis III. Des statues colossales en spath calcaire blanc, représentant Rhamsès III, décoraient la façade intérieure (nord) de ce pylône, dont une grande partie s'est écroulée. Le colosse de gauche est enseveli sous l'éboulement; l'autre, quoique mutilé, porte encore l'empreinte d'une admirable exécution. Le deuxième pylône U, construit également sous le règne d'Horus, porte en surcharge les cartouches de Rhamsès III et de Rhamsès V; il formait, avec le premier pylône, une cour indiquée par le mur dont la partie inférieure subsiste encore des deux côtés et qui porte les légendes d'Horus. On retrouve en avant de ce pylône U des restes de statues en granit, dont les débris m'ont offert le nom de Rhamsès III, et une colonne polygonale portant le cartouche de Psamouthis (1). Entre ces deux pre-

(1) Ce pylône était en démolition au moment où je visi-

miers pylônes, à l'est, sur la droite, on voit un petit édifice à portique U', avec deux ailes latérales, et qui paraît avoir servi d'habitation. L'intervalle du milieu est occupé par une salle que soutiennent seize piliers carrés à corniches disposés sur quatre rangs. A l'entrée est un propylon en granit, et sur tout le front de la façade règne une ligne de piliers formant galerie en avant de la salle hypostyle. Cet édifice porte les légendes d'Aménophis II et d'Aménophis III (Memnon), fils de Thouthmès V (1).

Le troisième pylône V était précédé de quatre

---

tais les ruines de Karnac. C'est dans ses matériaux que j'ai trouvé les fragments de sculpture peinte et les cartouches de l'ancien roi *Amen-Touônkh*. Je répare une omission en

mettant ici le nom propre restitué qui devait être placé à la page 94, ci-dessus, à côté des cartouches (prénom) mutilés de ce roi.

(1) J'ai trouvé auprès des cartouches d'Aménophis II la bannière ci-après, laquelle me paraît appartenir à ce Pharaon. Cette réunion des mêmes cartouches et de la même bannière se présente encore au troisième pylône mar-

statues colossales d'environ trente pieds de proportion, et représentées assises ; les deux premières, celles de gauche, dont une est assez bien conservée, sont en calcaire blanc, et représentent, l'une, Aménophis II, l'autre, Thouthmès II; les deux statues de droite étaient en grès rouge; elles sont totalement brisées, ainsi que d'autres qui se trouvaient sur la même ligne. Ces monuments appartiennent probablement, comme le pylône qu'ils décoraient, aux règnes d'Aménophis II et de Thouthmès II, du moins

qué V sur le plan joint à cette notice. Je trouve, dans l'ouvrage de M. Rosellini (*Mon. stor.*, n° 116), cette bannière en

rapport avec les cartouches d'un *Ouerri* ou Rhamerri, l'un des derniers rois de la dix-huitième dynastie ; je n'ai pu encore m'expliquer ce fait contradictoire.

pour la décoration; des bas-reliefs ont été ajoutés sur différentes parties de ce pylône, sous les règnes de Ménephtah Ier, Rhamsès III et Rhamsès IV (Méiamoun). Mais la construction du monument doit appartenir à Thouthmès Ier, comme l'attesteraient les bas-reliefs et légendes de ce Pharaon, sculptées sur la façade du côté du nord.

Enfin, le quatrième pylône, presque entièrement ruiné et aujourd'hui complétement enlevé, formait, avec le précédent, une cour, fermée par des murs latéraux, ainsi que l'espace X', qui le séparait de la porte sud du palais; au-devant de ce pylône, parmi d'autres fragments de statues, est un colosse en granit, représentant un Pharaon en pied, dont le cartouche, rompu à moitié, ne laisse voir que les deux premiers signes communs aux prénoms d'Aménophis III, Ménephtah Ier, et de Rhamsès II. On compte, dans cette seule avenue des quatre pylônes, douze colosses monolithes de plus de dix mètres de proportion, et les autres fragments épars donnent la certitude qu'il y en a existé un bien plus grand nombre, ce qui peut donner une idée de la magnificence qui régnait dans cette partie du palais.

Entre les deux derniers pylônes, à cent dix pieds environ vers l'est, sont les ruines d'un bassin Y, qui reçoit encore par infiltration les eaux du Nil. Il avait la forme d'un carré long, entièrement revêtu de pierres; ses matériaux les plus récents appartiennent au Pharaon Psammétique.

Entre l'édifice de Memnon U' et le bassin Y, on voit des substructions et des colonnes polygonales tout à fait semblables à celles déjà citées du roi Psamouthis et portant sa légende. De l'autre côté du bassin et dans l'intervalle qui le sépare de l'enceinte du palais, il y a d'autres restes de constructions en forme de couloirs.

Enfin, j'omets dans cette revue un grand nombre de ruines et de petits monuments épars sur tous les points de ce vaste terrain, leur état de destruction plus ou moins avancé n'ayant permis d'en reconnaître que l'existence et celle de quelques noms de Pharaons ou de Lagides déjà rappelés.

C'est au centre des ruines qui viennent d'être indiquées, que s'élèvent celles du palais de Karnac, prodigieux amas de constructions dont chaque pierre offre, pour ainsi dire, un nom de roi, et dont l'ensemble embrasse toute la période historique des Pharaons, à dater de la seizième dynastie.

Les ruines et dépendances du palais de Karnac sont comprises dans une vaste enceinte en bri-

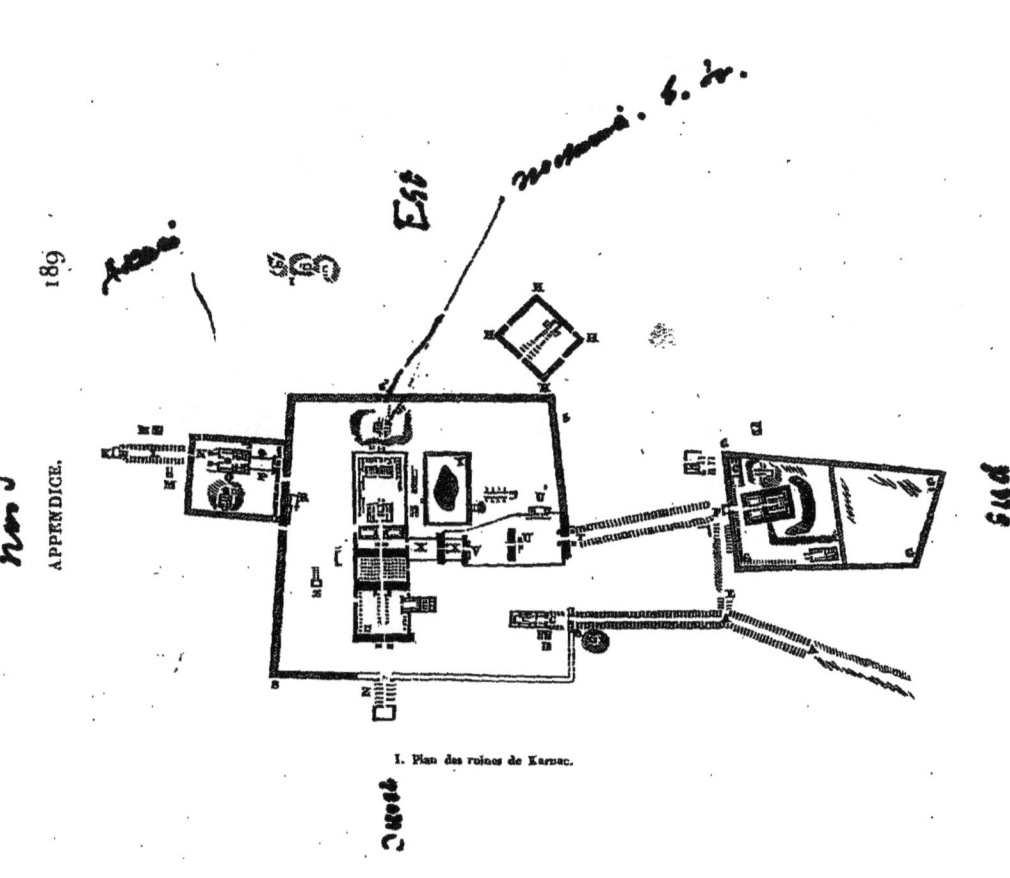

1. Plan des ruines de Karnac.

ques crues, dont les côtés nord et est subsistent encore presque en entier; il ne reste des côtés ouest et sud que les parties d'angle S, qui comprenaient dans leur prolongement les propylées du sud, le temple de Khons et celui d'Hathor. On pénétrait dans cette enceinte, indépendamment de l'entrée principale de l'ouest et des propylées du sud dont il a été parlé plus haut, par différentes portes ou propylons engagés dans le mur de clôture et dont un subsiste encore dans la partie orientale au point S'. Il offre à l'intérieur les légendes du Pharaon Nectanèbe, son fondateur, et sur d'autres parties les noms de Ptolémée Philadelphe et d'Arsinoé.

PALAIS DE KARNAC.

(Voyez le plan, à la page 207.)

Le palais de Karnac paraît avoir existé sous les rois des anciennes dynasties thébaines, antérieurement à l'invasion des Pasteurs; c'est ce que démontrent en particulier, des cartouches royaux sculptés sur des pierres retrouvées dans les matériaux de constructions plus récentes; de ce nombre sont les cartouches de Binothris (Skhaï) et ceux qu'on retrouve dans les hypogées d'El-Tell-Amarna (Psinaula).

Après la domination si désastreuse des Pasteurs et leur expulsion sous le dernier roi de la seizième dynastie, vers l'an 2100 avant J. C., le palais des Pharaons fut relevé de ses ruines. Les premières constructions paraissent dater du règne d'*Osortasen*, dont les cartouches se lisent sur les restes d'un sanctuaire en spath calcaire qui s'élevait vers le milieu de l'espace vide marqué X sur le plan. Ce sanctuaire ayant été détruit, fut reporté plus tard au centre même B des bâtiments A, qui ne devaient être que les dépendances du sanctuaire primitif.

Cet ensemble de constructions A, qu'on désigne sous le nom d'*appartements de granit*, se compose du sanctuaire B, précédé d'une cour ou vestibule C donnant entrée par différentes portes aux couloirs et aux chambres qui environnent la pièce centrale. Les Pharaons successeurs d'Osortasen reprirent ces travaux longtemps interrompus, soit en élevant des pièces nouvelles, soit en décorant celles qui existaient de sculptures plus remarquables encore par leur précieux fini et leur multiplicité que par la richesse des matériaux employés dans la construction. Les noms d'Aménophis Ier, ceux de Thoutmès Ier et de Thoutmès II, se rattachent aux différentes parties de cet édifice, dans lequel il faut comprendre le deuxième vestibule E, et le pylône avec porte en granit qui sépare le deuxième vestibule du premier. En avant de la porte d'entrée du sanctuaire sont deux piliers carrés C en granit, décorés chacun d'une gracieuse tige de lotus en fleur, sculptée de haut relief et d'une exécution admirable. Ces sculptures étaient revêtues de couleur ainsi que les piliers, quoique leur matière fût de granit.

C'est encore au règne de Thouthmès Ier qu'appartient la construction de la cour à pilastres F qui précède les appartements de granit et qui servait probablement dans l'origine de cour d'honneur au sanctuaire d'Osortasen. Cette cour offre un péristyle ou double hypètre, soutenu par des piliers à colosses (*osiriaques*) semblables à ceux du Rhamesséum. La porte d'entrée à l'intérieur était décorée de deux obélisques E' de la plus grande proportion, dont un est encore debout, et qui ne furent érigés qu'après la mort de Thouthmès, par la reine Amensé, au nom du régent Aménemhé, son second mari. En avant du pylône d'entrée de cette cour s'élevaient deux autres obélisques F', de moindre grandeur, et qui furent, en même temps que l'hypètre, élevés par Thouthmès Ier, dont ils portent les légendes ; un de ces obélisques est renversé, l'autre est encore debout.

Thouthmès IV, le célèbre Mœris, fit de nombreuses additions aux sculptures qui avoisinent le sanctuaire dans les appartements de granit, et c'est à son règne qu'appartient la construction des murs de clôture et couloirs latéraux G, ainsi que des bâtiments qui terminent le palais du côté de l'est.

L'état de ruine de ces dernières constructions et le désordre qui y règne n'ont permis de reconnaître qu'imparfaitement la disposition des parties intérieures du palais de Mœris. Son entrée s'annonçait par une galerie ou plutôt une salle hypostyle H, soutenue par un double rang de colonnes et de piliers. Un mur aujourd'hui détruit, comme celui de la façade, séparait cette espèce de portique d'un espace maintenant encombré, mais où l'on retrouve plusieurs rangées de colonnes I, les unes à pans coupés, les autres à chapiteaux imitant le bouton du lotus; d'autres enfin d'un style tout particulier et qui présente une identité frappante avec certaines colonnes des anciens monuments de l'Inde. Ces colonnes supportaient les plafonds de plusieurs pièces, après lesquelles on trouve, sur la droite comme sur la gauche J, les restes d'une suite de chambres qui régnait probablement sur toute la largeur du fond du palais. Au centre et dans l'axe de la porte d'entrée est un petit édifice carré K, sanctuaire entièrement isolé et qui paraît avoir été reconstruit beaucoup plus tard, sous le règne de Ptolémée Alexandre, dont il renferme les légendes. Au fond du sanctuaire on avait sculpté en ronde-bosse un épervier colossal dont les deux pattes subsistent encore adhérentes au bloc qui lui servait de piédestal. Une porte pratiquée dans le mur d'enceinte derrière le sanctuaire, donnait issue au dehors.

La porte d'entrée du palais, aujourd'hui ruinée comme la façade, était décorée à l'extérieur de deux obélisques H' dont on voit encore les piédestaux ; aux extrémités de droite et de gauche de cette façade, on voit les restes de murs avancés L, ou plutôt de trois piliers osiriaques précédés de colonnes et qui probablement formaient une galerie couverte qui s'étendait sur tout le front de l'édifice, à droite et à gauche des obélisques H'. Des portes latérales L' conduisaient dans les appartements intérieurs, composés, comme on le voit par la partie de droite, d'une ou plusieurs salles d'entrées et d'un couloir menant à une suite de chambres contiguës les unes aux autres ; les deux dernières chambres, qui ont plus de largeur, ont leurs plafonds soutenus par des piliers. La distribution de la partie opposée du palais était sans doute semblable, et il y a toute apparence que ces deux parties latérales étaient destinées aux personnes attachées au service du roi; ces appartements, qui avaient leur entrée principale sur la cour, communiquaient probablement à l'intérieur avec les appartements royaux, dont ils étaient du reste séparés par des murs de cloison. Toutes ces chambres contiguës ne recevaient de lumière que par les portes et par des soupiraux pratiqués au plafond : système d'ailleurs approprié au climat de ce pays.

Entre les points L' et L, à l'angle de droite du grand portique H, on remarque une petite chambre dont les sculptures intérieures présentent, disposés à la suite les uns des autres et sur quatre rangs, une série de personnages royaux, tous prédécesseurs de Mœris, et auxquels ce Pharaon fait des offrandes. Cette pièce est connue sous la désignation de *chambre des ancêtres*. Ces personnages, au nombre de cinquante-sept, sont représentés assis, et accompagnés de leur cartouche prénom. Tout fait présumer qu'ils appartiennent aux seize premières dynasties royales; mais l'état de dégradation de ces sculptures et le petit nombre de monuments qu'on puisse rapprocher de celui-ci, ne permettent pas de déterminer, d'après la lecture de ces noms royaux, si la série en est complète, ou si ce n'est qu'un choix fait par Mœris soit dans les seules dynasties thébaines, soit dans toutes les dynasties qui l'ont précédé sur le trône d'Égypte (1).

[Je m'étais proposé de faire déblayer les décombres et d'examiner les pierres tombées qui couvrent à une assez grande profondeur le sol de cette chambre, dans le but de retrouver les restes des cartouches royaux qui manquent dans quelques parties de ses murs, et de compléter la liste déjà connue de ces noms ; mais M. Prisse, que j'ai nommé (page 177, note 1) et à qui j'avais parlé de ce projet, fit lui-même cette recherche tandis que j'étais à El-Kab et m'assura n'avoir rien trouvé. Je me suis borné, en conséquence, à l'examen le plus attentif des parties de cette chambre demeurées en place. Elles ont été copiées avec soin et réunies en un grand dessin qui fera partie, comme tous ceux que j'ai recueillis pendant ce voyage, de la publication intitulée *Monuments d'Égypte et de Nubie*, etc., par Champollion le jeune. Ce dessin, qui présente dans son ensemble et ses détails la *chambre des ancêtres de Mœris* telle qu'elle est aujourd'hui, renferme, outre les additions, des corrections à faire aux listes précédemment publiées par

---

(1) *Conf.*, p. 33, note 2, *suprà*.

M. Burton et par M. Rosellini (*Excerpta hierogl. — Monumenti storici*, etc., t. I, 1re part.).]

Dans l'espace compris entre les appartements de granit A et le palais de Mœris L., on voit au point X' deux énormes blocs qui ont dû servir de base à des obélisques, et au point X des restes de colonnes polygonales, derniers vestiges des anciennes constructions d'Osortasen. Tout le mur de circonvallation Y et Y', quoique élevé sous Mœris, a été décoré de sculptures sous le règne de Rhamsès le Grand.

Tel est, avec les autres constructions de Mœris précédemment indiquées, l'ensemble des travaux élevés sous le règne de ce Pharaon, dont les successeurs contribuèrent d'une manière notable à l'agrandissement du palais, dans d'autres parties. Aménophis III acheva le mur de clôture extérieur jusqu'au point où il se rattache au pylône M de la salle hypostyle. Ce pylône forme, avec celui M', qui précède le péristyle ou hypètre de Thouthmès Ier, une espèce de couloir transversal qui occupe toute la largeur de l'édifice, et au milieu duquel s'élevaient les deux obélisques de Thouthmès Ier dont il est parlé plus haut. Les colonnes d'hiéroglyphes médiales sont seules de Thouthmès; Rhamsès le Grand y fit graver les légendes latérales. La décoration intérieure de cette cour appartient en partie au règne d'Aménophis III, partie au règne de son père, Thouthmès V.

C'est sous Ménephtah Ier (Ousiréï), père de Rhamsès II et de Rhamsès III, que s'éleva la salle hypostyle O, N et N', la pièce la plus considérable du plus vaste monument que les Égyptiens aient construit. Cette salle, qui a cent cinquante-cinq pieds de longueur sur trois cent sept de largeur, est soutenue par cent trente-quatre colonnes qui subsistent encore dans leur entier. Les douze colonnes formant l'avenue du milieu O, plus élevées que les autres, ont environ soixante-dix pieds de hauteur; leurs chapiteaux à campane ont, à leur plus grand diamètre, vingt et un pieds, c'est-à-dire, plus de soixante-trois pieds de circonférence. Les colonnes des parties latérales ont environ quarante pieds de hauteur; la forme de leur chapiteau est celle du bouton de lotus tronqué.

Ménephtah Ier, après avoir élevé ce magnifique monument ainsi que le pylône qui le précède (1),

---

(1) On trouve dans les matériaux de ce pylône un grand nombre de pierres ayant appartenu à des monuments très-anciens, qui ne le cédaient ni pour la grandeur ni pour la beauté aux magnifiques édifices qu'on admire encore maintenant à Karnac. On en peut juger par les dimensions des pierres d'architraves et autres parties d'édifices portant des restes d'inscriptions dédicatoires et de bas-reliefs historiques

fit décorer de sculptures les colonnes et architraves de l'avenue du milieu et une partie des colonnes et des parois intérieures; c'est au même Pharaon que se rapportent les bas-reliefs historiques sculptés sur toute l'étendue du mur extérieur N N" du côté nord.

Rhamsès II, son fils et successeur immédiat, entreprit d'achever la décoration intérieure de la salle hypostyle et du vestibule d'entrée O". Enfin Rhamsès III (Sésostris) compléta ces travaux; il décora de sculptures les parties du monument qui n'avaient pas été terminées, surchargeant même de ses légendes une partie de celles de ses deux prédécesseurs, et il fit placer de chaque côté de la porte d'entrée O', au-devant du perron qui conduit dans la salle hypostyle, ses deux statues de granit en pied, dont une, celle de droite, est encore debout.

En avant du pylône d'entrée de la salle hypostyle et sur la droite, s'élève le temple P qui fut construit sous Rhamsès IV (Méiamoun), et dont

---

de grandes proportions et d'un très-beau travail. Ces sculptures ont même conservé les brillantes couleurs dont elles étaient revêtues. Les cartouches prénoms de Binothris (Skhaï) et d'Amon-Touônkh nous font connaître les auteurs de ces vieux monuments, antérieurs à l'invasion des Pasteurs, c'est-à-dire, à l'an 2100 avant J. C. (V. la quatrième lettre, p. 95.)

les sculptures furent achevées par ses successeurs. Ce petit monument porte, dans la grande description de l'Égypte, la désignation de *temple dépendant du palais*. Son sanctuaire est précédé d'un pronaos et d'une cour péristyle dont les portiques sont soutenus par des piliers à colosses représentant Osiris ; il fut consacré au grand dieu de Thèbes, Ammon-Ra. Il doit être désigné sous le nom de *Petit temple d'Ammon*. C'est au même personnage divin ou à ses différentes formes que s'adressent aussi, dans les innombrables bas-reliefs qui décorent toutes les parties de ce vaste palais, les hommages des Pharaons qui les ont élevées ou embellies.

Là se terminent les travaux de la dix-huitième et de la dix-neuvième dynastie. Différents rois de cette période ayant surchargé de leurs cartouches ceux de leurs prédécesseurs, particulièrement dans la salle hypostyle, il en résulte une confusion apparente qui se dissipe pourtant à l'examen des cartouches superposés. Ce n'est que dans la période suivante, et sous le règne des Pharaons bubastites, que les travaux de construction furent continués. Alors s'éleva la grande cour R et son magnifique pylône. On comprit dans l'enceinte de cette cour l'entrée du temple d'Ammon et un autre petit édifice S qui avait été construit sous Ménephtah II.

On trouve, vers l'angle sud-est de la cour Q, et sur diverses parties d'architraves, des bas-reliefs portant les légendes de plusieurs rois de cette dynastie, Sésonchis, Osorkon, Takellothis.

C'est sur la paroi extérieure sud du pylône et de la salle hypostyle, au point marqué N' Q', que se trouve le fameux bas-relief historique relatif aux campagnes de Schischonk, le Sesac de la Bible, contre les différentes villes du royaume de Juda. Ces villes et ces peuples vaincus sont représentés par autant de cartouches qui renferment leurs noms, et auxquels sont attachés les bustes de personnages barbus ayant les bras liés derrière le dos. Champollion a donné un dessin de ces figures dans ses Lettres écrites d'Égypte.

La liste des villes ou provinces personnifiées comprises dans ce tableau, et les textes qui l'accompagnent, offrent un précieux complément au verset 14 du IIIe livre des Rois; malheureusement l'état de dégradation du monument et l'incertitude de la lecture de ces noms propres présentent encore de graves difficultés relativement aux notions qu'on en pourrait tirer sur la géographie comparée de la Syrie.

La vaste cour qui précède la salle hypostyle est décorée à droite et à gauche par un portique R, que soutiennent des colonnes dont les chapiteaux imitent le bouton du lotus tronqué. Au milieu de la cour s'élevait une avenue de douze colonnes R' qui paraissent avoir porté les diverses images symboliques servant d'enseignes aux Égyptiens, telles que le bélier, l'ibis, l'épervier, le chacal, etc.; elles ont été érigées ou du moins ornées de sculptures pendant les règnes de Taharaka, Psammétique Ier et Philopator. Une seule d'entre ces colonnes est restée debout, c'est celle de l'extrémité sud-est de l'avenue de droite (vers le point R').

L'entrée de cette cour s'annonce par un énorme pylône dont les deux massifs présentent encore, malgré l'absence de leur couronnement qui n'a pas été achevé, une hauteur d'environ cent trente-quatre pieds (43 m. 50 c.) sur trois cent quarante-huit pieds (113 m.) de largeur à la base. Une double rangée de sphinx à tête de bélier précédait l'entrée de ce pylône, dont la porte était décorée de deux statues colossales S' maintenant mutilées et enfouies.

Il est difficile de dire jusqu'où s'étendait vers le fleuve l'avenue de sphinx qui partait de l'entrée principale du palais; leurs débris se retrouvent encore à soixante mètres (environ cent quatre-vingt-cinq pieds) du pylône, ce qui, d'après l'intervalle qui les séparait entre eux, porte leur nombre à plus de soixante. A peu près vers ce point et dans l'axe même de l'avenue, se trouvent les arasements d'un édifice dont on ignore l'époque et la destination, mais qui devait se lier à l'édifice principal. Sa position même en avant du palais et à la suite des constructions qui appartiennent aux vingt-deuxième et vingt-troisième dynasties permet de lui assigner une date encore plus récente, celle des Lagides.

A quelque distance au nord de la salle hypostyle et dans l'intérieur de l'enceinte en briques, sont les restes d'un petit édifice de Psammétique III. C'est dans ce petit édifice que se trouvent les cartouches d'Amasis et de la reine *Onkhnas* dont il a été parlé ailleurs (page 183).

Près de là, vers la salle hypostyle, sont des restes de murs portant le nom de Rhamsès le Grand. Plus loin, dans la direction nord et hors de l'enceinte, on voit d'autres ruines appartenant au règne de Philopator. Enfin, dans la partie orientale et extérieure du palais, YY, on voit d'autres ruines qui faisaient partie d'un ensemble d'édifices ajoutés au précédent et commencés sous le règne de Thouthmès IV (Moeris), comme l'annonce un groupe colossal en calcaire blanc (n° 4) adossé au mur d'enceinte et représentant le Pharaon Thouthmès et sa femme assis l'un près de l'autre. En avant de ce groupe était une rangée de piliers osiriaques (n° 3) dont trois sont restés debout; plus loin sont deux énormes blocs de granit (n° 2) ayant servi de base à deux obélisques (peut-être ceux qu'on voit maintenant à Alexandrie); en avant s'élève une construction dont la partie la plus reconnaissable consiste en une salle portique (n° 1), dont le plafond était soutenu par huit colonnes et par deux piliers osiriaques. Ce dernier édifice porte les légendes de Rhamsès III.

L'invasion des Perses sous Cambyse, moins désastreuse peut-être qu'on ne le croit généralement, porta néanmoins, par le seul effet de la guerre, une atteinte cruelle aux monuments de Thèbes. Différentes parties de ces monuments furent plus ou moins endommagées, d'autres complétement détruites; ce ne fut que plus tard, sous le règne réparateur des Lagides, qu'eurent lieu les agrandissements et les restaurations dont on retrouve les vestiges dans presque toutes les parties des ruines de Karnac.

Déjà, sous le règne d'Amyrtée, quelques travaux avaient été entrepris; le nom de ce prince se lit, en effet, sur quelques parties de la cour du temple de Khons et sur l'édifice situé à l'ouest de l'enceinte des ruines du nord, au point Q, ainsi qu'à l'arrière-partie du palais d'Aménophis-Memnon. Plus tard, le sanctuaire des appartements de granit, détruit par les Perses, fut reconstruit au nom du frère d'Alexandre le Grand, Philippe Arridée.

Voici la liste chronologique des Ptolémées qui ont le plus contribué à la restauration des monuments de Karnac, avec l'indication des édifices ou parties d'édifice sur lesquels on trouve principalement leurs légendes.

Philadelphe et Arsinoé. — Propylon de l'est.

Évergète Ier. — Petit édifice de Mœris, propylon du nord.

Évergète et Bérénice. — Propylons du nord et du sud.

Philopator. — Son nom se lit sur diverses parties des colonnes formant avenue médiale dans la cour d'entrée du palais, sur le petit édifice de Mœris marqué R, et sur le propylon du nord.

Épiphane et Cléopatre. — Le propylon ouest à l'entrée de la salle hypostyle.

Ptolémée Évergète II. — Cour hypètre de Thouthmès, et sur la gauche du vestibule E des appartements de granit, en surcharge sur le nom de Rhamsès III. Le même nom se lit sur des restes de colonnes placées entre le propylon de l'est et les derrières du palais de Mœris, parmi les ruines de l'édifice de Rhamsès III (marqué i sur le plan); à ce nom se joignent ceux de Ptolémée Aulète et de Tibère.

Évergète II et Cléopatre. — Petit temple d'Hathor.

PTOLÉMÉE ALEXANDRE.—Petit édifice de Mœris.

PTOLÉMÉE DIONYSUS OU AULÈTE. — Ruines de l'enceinte du sud; petit édifice de Mœris (R, plan I, ci-dessus).

Une description plus détaillée des ruines de Karnac ne pouvant convenir au cadre que je devais m'imposer, je ne puis que renvoyer le lecteur au beau travail de MM. Jollois et de Villiers, ainsi qu'à l'ouvrage de M. Wilkinson, qui m'ont servi de guide pour cette notice, à laquelle j'ai ajouté les observations faites sur les lieux pendant mon dernier voyage. En rattachant aux différentes parties de ces monuments les noms de leurs fondateurs, j'ai simplement ajouté les données chronologiques et les notions dues à la découverte de Champollion, moyens qui avaient manqué aux auteurs du grand ouvrage sur l'Égypte. On peut, à l'aide de ces indications, étudier et suivre les progrès successifs du vaste monument de Karnac à ses différentes époques.

N. B. L'échelle extrêmement réduite de ce plan ne m'a pas permis d'y mettre toutes les indications que j'aurais voulu ; quelques-unes ont disparu à la gravure; d'autres enfin ont pu m'échapper. Ainsi, dans la partie de gauche des appartements de granit, entre les points G, A, E, on voit les restes de piliers osiriaques. Au point D, il y a des bases de colonnes restées en place, et à l'angle D" se trouve un bloc considérable en pierre calcaire, qui paraît avoir servi de support à un colosse. Du reste, une description détaillée et complète des monuments de Karnac doit faire partie du grand recueil de Champollion le jeune.

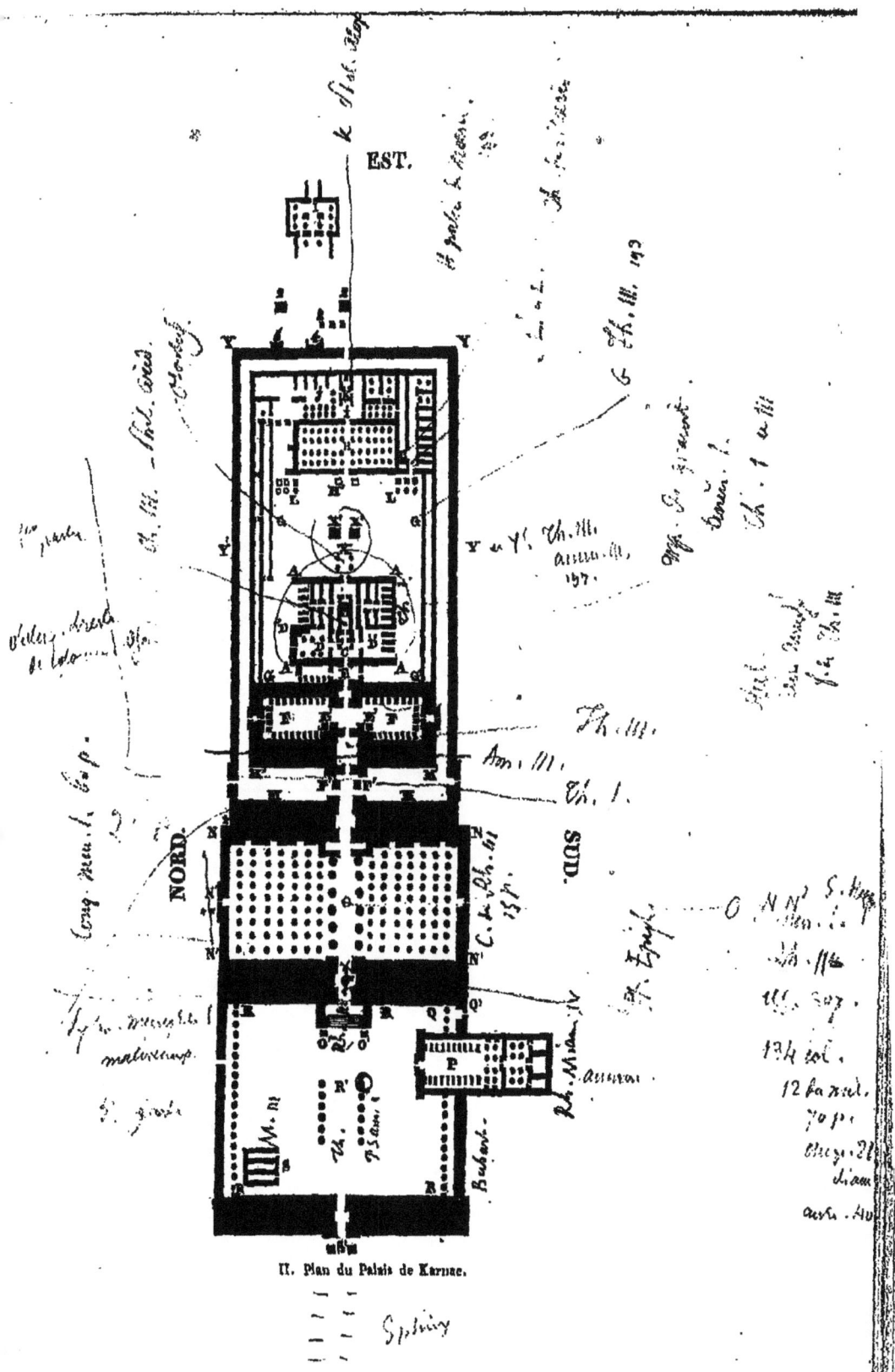

II. Plan du Palais de Karnac.

§ III.

BAS-RELIEFS HISTORIQUES REPRÉSENTANT LES CAMPAGNES DE MÉNEPHTAH Ier A KARNAC.

Ces bas-reliefs ont été sculptés dans la partie latérale extérieure nord de la salle hypostyle, où ils occupent tout l'espace compris entre les points N et N". (V. le plan, p. 207.)

Pour suivre un ordre conforme à la succession des événements, autant du moins que l'indique la disposition des tableaux, on doit partir de l'angle N en se dirigeant vers le point N'. Les bas-reliefs, dans cette première portion de la muraille, sont disposés sur deux lignes ou suites de tableaux superposés. Avant de les décrire, il convient de parler de deux compositions placées dans l'angle de retour marqué d'un astérisque, lesquelles, bien que faisant partie de la même suite, n'ont été mises là que comme épisodes, et dans le but de décorer un espace de la muraille assez grand et qu'on ne voulait pas laisser vide.

Le tableau d'en bas représente le roi sur son

char lancé au galop; il poursuit à coups de flèches des ennemis qui fuient en désordre, les uns à cheval, les autres sur des chars. Ceux qui ont échappé aux traits du vainqueur se réfugient dans une forteresse, d'où on les voit élever les mains en suppliants. Le fort est environné d'eau et d'arbres où se cachent plusieurs des fuyards; les têtes de trois de ces derniers sont vues de face.

Dans le tableau placé au-dessus, le roi est descendu de son char; il tient de la main gauche son arc et les rênes de ses chevaux, et s'est retourné vers un des chefs de son armée (altophore), qui, s'inclinant avec respect, annonce au roi la soumission des chefs ennemis qu'on voit derrière lui, agenouillés et élevant les mains vers le Pharaon. La scène se passe à l'entrée d'une forêt où d'autres individus de la même nation abattent des arbres pour livrer passage au vainqueur. Déjà une forteresse à deux étages crénelés, la même sans doute qu'on a vue au tableau précédent, a été prise et démantelée, comme l'annonce sa porte démolie. Ces peuples étrangers portent le nom de *Romen* ou *Romenen*. Une chevelure épaisse tombant sur la nuque et fixée sur le front par un bandeau, une barbe touffue et arrondie, donnent à leur visage de la ressemblance avec les anciens guerriers des sculptures d'Égine;

la forme de leur vêtement caractérise d'ailleurs, aussi bien que leur physionomie, des peuples asiatiques de la région persépolitaine.

3ᵉ. Dans le premier tableau de l'angle N où commence la série continue des campagnes de Ménephtah Iᵉʳ, on voit le roi descendu de son char et liant de ses propres mains les prisonniers qu'il a faits.

4°. Dans le tableau suivant il remonte sur son char, emportant sous ses bras quatre de ces captifs et traînant à sa suite deux autres groupes de prisonniers, attachés par le cou à une double corde dont il tient l'extrémité; ces prisonniers sont qualifiés chefs ou principaux du pays de *Romen*. Au-dessus des chevaux attelés au char du roi, on lit ces mots : *grands et principaux chevaux de sa majesté victorieuse;* cette inscription accompagne l'attelage du roi partout où il est représenté.

5ᵉ. Le Pharaon, tenant de la même main son arc et la double corde à laquelle sont attachés les prisonniers désignés plus haut, marchant sur deux files, vient au temple faire hommage de son triomphe aux grandes divinités de Thèbes, *Amon-ra*, *Mouth* et *Chons*. Trois tablettes placées entre les dieux et le roi sont chargées de vases précieux par la richesse des matières et remarquables par la variété de leurs formes ou de leurs ornements. Ces objets proviennent de prises sur l'ennemi, comme l'annonce l'inscription placée au-dessus. Le dieu, agréant l'hommage du roi, *lui accorde la domination sur toutes les contrées barbares*, etc.

(Ici se termine la ligne supérieure des bas-reliefs. On reprend la deuxième ligne au point N où a commencé la première, au-dessous du tableau n° 8.)

Deuxième ligne. 1re scène. Le roi, sur son char lancé au galop, poursuit de son arc les ennemis qui fuient en désordre. La plaine est jonchée de morts; les fuyards gravissent une montagne au sommet de laquelle est un fort crénelé que l'inscription gravée au-dessus de la porte qualifie : *forteresse* du pays de *Kanana*. Au-dessus de la tête du roi on voit le disque flanqué de deux uræus, l'épervier et le vautour de la déesse Souân (ou Sowen), symbole de la victoire. L'inscription gravée dans le champ du tableau nomme entre autres peuples les *Schasou* (ou Schos, suivant M. Rosellini) et les étrangers du pays de Kanana.

2°. Le roi s'avance sur son char tenant de la main gauche la harpe (schôpsch), l'arc et les rênes de ses chevaux, qui s'avancent au pas. Le carquois est attaché à ses épaules. Le roi tourne la tête en arrière vers deux groupes de prisonniers agenouillés et suppliants qu'il va traîner à sa suite. Une forteresse crénelée, des vases précieux et des sachets d'or placés au-dessus de leur tête indiquent le riche butin et le lieu d'où il provient. D'autres forteresses et des réservoirs d'eau placés au-dessus et au-dessous des chevaux paraissent indiquer des retranchements et des réservoirs que le roi aurait fait établir sur la route du désert. Les inscriptions hiéroglyphiques qualifient les uns : *station* ou *forteresse construite par sa majesté* ; les autres, *étang* ou *réservoir d'eau du roi grand par ses victoires*. D'autres inscriptions remplissant les espaces vides contiennent des louanges à la gloire du Pharaon. On remarque aussi près des captifs, dans un fragment d'inscription, cette phrase connue par les livres hébreux : *la terre sous tes sandales* (1).

3°. Autre bataille contre les mêmes ennemis, que le roi sur son char met en déroute et poursuit de son arc tendu. Les morts percés de flèches couvrent la plaine ; ceux qui peuvent échapper aux traits du roi cherchent leur salut sur des montagnes qu'ils s'efforcent de gravir. Dans le bas du tableau on voit des forteresses et des réservoirs *établis par le roi*, comme ceux de la scène précédente.

(1) Cf. Rosellini, *Mon. stor.*, t. III, p. 344.

4°. Retour du roi triomphant. — Le Pharaon s'avance sur son char, tenant de la main gauche les rênes de ses chevaux, son arc et une triple corde à laquelle sont attachés par le cou trois groupes de prisonniers qui marchent en avant du char. De la main droite le roi tient la harpè et une autre chaîne de captifs qu'il traîne à sa suite. Au-dessus de ces derniers et à la suite du char triomphal orné de têtes ennemies, s'avance le fils du roi (depuis Rhamsès II), tenant d'une main son arc et de l'autre la plume emmanchée, symbole de la victoire et insigne de sa charge (*athlophore, basilico-grammate*).

Le costume et la physionomie des ennemis vaincus dans cette dernière campagne diffèrent des précédents. Leur coiffure consiste en une espèce de toque ou béret, ou bien en un bonnet terminé par des franges et retombant en arrière; ils ont pour vêtement une robe courte, serrée au corps et fixée autour des reins par une ceinture, comme les redingotes à la prussienne. Ils ont le nez aquilin et la barbe pointue.

On remarque au bas de ce tableau, comme dans les précédents, des réservoirs d'eau et des forts ou lieux d'observation établis par le roi. Une de ces constructions paraît indiquer une station ou relais pour les chevaux.

Le cortége se dirige vers une ville (Thèbes)

que traverse un fleuve, le Nil, reconnaissable aux crocodiles qu'on voit nageant dans ses eaux. Le fleuve est bordé de plumes symboliques et traversé par un pont (1).

L'inscription qui accompagne le roi porte la date de l'an 1ᵉʳ de son règne et fait mention des ennemis de la terre de Schôs.

5°. Sur la rive opposée du fleuve sont deux groupes d'Égyptiens, les *principaux*, les notables du pays *venus à la rencontre du roi pour glorifier Sa Majesté après ses victoires et à son retour des pays étrangers dont il a vaincu les chefs*. Les notables égyptiens, les uns debout, les autres inclinés, présentent humblement des bouquets au roi. D'autres, ceux du rang inférieur, lèvent les mains en signe d'acclamations; plusieurs d'entre eux sont agenouillés.

6°. Les prisonniers, marchant sur deux rangs, sont conduits par le roi en présence du dieu Amon-ra assis sur son trône; devant lui sont rangés sur quatre tablettes de riches vases, produits du butin fait sur l'ennemi. Les prisonniers sont qualifiés *race méchante* de *Roten* ou *Lodan* (2), *qui glorifie Sa Majesté dans ses victoires*.

(1) Les plumes (*de vérité*) qui bordent le fleuve paraissent être ici un symbole propre au Nil aussi bien qu'au pays, l'Égypte étant qualifiée *terre de vérité, de justice*.

(2) V. Rosellini, t. III, p. 366.

— Les captifs de la deuxième ligne sont qualifiés Schasou ou Schôs, *vaincus par Sa Majesté l'an 1ᵉʳ de sa puissance.*

§ I. A la suite de ce tableau, qui termine la seconde série des campagnes de Ménephtah, on voit une grande composition qui occupe à elle seule la hauteur des deux rangées décrites ci-dessus. Ce grand bas-relief représente le roi, de proportions gigantesques, la hache levée sur un groupe d'ennemis vaincus qu'il tient par leurs chevelures; ces personnages, au nombre de neuf, présentent chacun le type individuel d'un peuple différent, soit de l'Asie, soit de l'Afrique (1).

Amon-ra présente au Pharaon la harpè (2)

---

(1) Ce nombre paraît répondre au groupe hiéroglyphique qui représente neuf arcs, et qui désigne, selon toute apparence, les neuf contrées étrangères dans lesquelles étaient comprises et classées toutes les nations *barbares* connues des Égyptiens. Des sujets analogues figurent sur la plupart des grands monuments élevés par les Pharaons, soit qu'ils aient eu en réalité ou seulement ambitionné la gloire de vaincre tous les peuples désignés dans ces tableaux allégoriques. Peut-être doit-on, pour beaucoup de rois, ne regarder ces tableaux que comme symboles de domination plutôt que de conquêtes par eux réellement accomplies; et souvent, peut-être, nommait-on plusieurs peuples ennemis lorsqu'il n'y en avait eu qu'un seul de vaincu. Ici, du reste, la composition porte tous les caractères de la réalité.

(2) La harpè, en égyptien *schôpsch*, est une arme tran-

pour châtier ses ennemis; le dieu tient de la main gauche les cordes auxquelles sont attachées par le cou les figures emblématiques des peuples et des villes soumis du *levant au couchant, du midi au nord.*

Les noms symboliques de villes et de peuples sont représentés par des bustes d'hommes à barbe pointue, au nez aquilin, aux cheveux pendants sur la nuque, et les bras liés derrière le dos; ces bustes sont terminés par des cartouches crénelés renfermant les noms hiéroglyphiques des localités qu'ils représentent (1).

Tous ces noms sont disposés à la suite les uns des autres, sur plusieurs rangées, occupant l'espace de mur compris entre le dieu Amon-ra et l'angle N' de la porte latérale de la salle hypostyle; ces noms de villes et de peuples s'étendent même vers la gauche, jusque sous les pieds du roi, et se prolongent en une ligne sur toute la largeur du grand tableau dont ils complètent le sens.

L'inscription qui accompagne la figure d'Amon-ra annonce que le dieu « a donné au roi la

---

chante, courte et à lame recourbée. Le coupe-tête des Turcs a la même forme.

(1) V. Lettres d'Égypte, de Champollion, page 99, et *suprà*, p. 201.

massue et l'épée pour dominer et frapper tous les peuples, afin que ceux-ci voient dans tout son éclat Sa Majesté royale, sa force, ses victoires, sa magnanimité, sa vigilance, sa prospérité pendant une longue durée du jour. » Puis vient l'énumération des tributs, vases précieux et autres richesses.

§ II. Le même sujet se répète avec quelques variantes sur la partie correspondante ** de la porte. La liste des villes et peuples vaincus s'y reproduit aussi avec quelques différences qui n'ont pas été notées dans le grand et bel ouvrage de M. Rosellini, peut-être à cause des surcharges qu'on remarque dans plusieurs de ces noms, et de l'incertitude qui pouvait en résulter pour leur lecture. J'ai compté soixante-deux noms de chaque côté.

Dans la partie du mur qui s'étend de l'angle ** au pylône N" de la salle hypostyle, les compositions guerrières étaient disposées sur trois bandes qu'il faut suivre dans un ordre inverse, c'est-à-dire, en partant du point N". et en se dirigeant vers l'angle ** de la porte latérale de la salle hypostyle.

La ligne ou bande supérieure est détruite, à l'exception d'une scène dont voici le sujet :

Le roi est sur son char lancé à la poursuite d'ennemis (caractérisés par une longue barbe et les cheveux tombant en masse sur la nuque; quelques-uns ont une mèche partant du sommet de la tête, à la manière des Mongols ou Tartares. Ils ont pour vêtement une robe longue et serrée au corps, et fixée autour des reins par une ceinture). Les vaincus fuient à travers des collines boisées, chassant devant eux leurs bestiaux; ils se réfugient dans une forteresse crénelée qui domine le pays, et du haut de laquelle déjà ils implorent la clémence du vainqueur. Un grand nombre de fuyards, percés par les flèches du roi, couvrent le champ de bataille; un chef ennemi monté sur son char est lui-même atteint dans sa fuite; en tombant il lève la main vers le Pharaon vainqueur, comme pour l'implorer. Ces peuples sont les *Schôs* (pasteurs).

Deuxième rang. 1re scène. Le roi sur son char poursuit des ennemis dont le plus grand nombre déjà est tombé percé de flèches; il atteint un des chefs ennemis et le retient au moyen de son arc, dans lequel il lui a pris la tête; de sa main droite levée il tient la harpè (schôpsch) dont il va frapper son ennemi. Le peuple représenté dans ce tableau se distingue par une chevelure divisée sur les oreilles et retombant partie sur le front, partie sur la nuque; en outre, une mèche de cheveux longue et isolée tombe de chaque côté du visage. Ils ont sur la tête une plume ; leurs chefs en portent deux.

2°. Le roi, descendu de son char et foulant aux pieds un des chefs ennemis déjà frappé mortellement, a saisi par le bras et renverse un autre guerrier qu'il va percer d'un javelot. Le fils du roi *altophore* (Rhamsès II) assiste à l'action et semble rendre hommage à la vaillance de son père. L'inscription annonce la défaite des principaux de la terre de *Tahn* ou *Tohen*.

3°. Retour du roi : devant lui marchent sur deux rangs les prisonniers faits pendant les précédents combats. Des têtes de guerriers ennemis sont attachées en trophée à l'arrière du char.

4°. Le Pharaon s'avance à pied, tenant son arc et une double corde à laquelle sont attachés par le cou les mêmes prisonniers de *Tohen*, marchant sur deux colonnes. Ils sont conduits au temple en présence des trois grandes divinités de Thèbes, Amon-ra, Mouth et Chons, devant lesquelles déjà sont exposés, sur des tablettes, des offrandes variées et un riche butin en vases et en sachets pleins d'or. Le roi lève la main vers les dieux en signe d'hommage. (Ce tableau est le dernier de la deuxième ligne, que termine la grande composition symbolique décrite plus haut, § I et II.)

Troisième ligne (partant de nouveau du point N" et se dirigeant vers l'angle de la porte **).

Les ennemis, en pleine déroute, s'enfuient, les uns à cheval, les autres sur des chariots de guerre; ils sont poursuivis et atteints par les flèches du roi. Leur costume et leur coiffure offrent, ainsi que les traits de leur physionomie, tous les caractères d'un peuple asiatique. Leur coiffure est une espèce de calotte ou casque d'où sort une épaisse chevelure tombant sur le cou. Du sommet de cette coiffure pend une longue mèche à l'instar des Huns, Tartares et autres peuples du nord de l'Asie. Ils sont sans barbe, et vêtus d'une longue tunique serrée et fixée autour des reins par une ceinture. Leurs armes sont l'arc et le bouclier. On remarque enfin, parmi les fuyards, des hommes à cheval; coutume caractéristique et qu'on peut croire n'avoir été que plus tard introduite en Égypte. L'inscription qualifie ce peuple la nation perverse de *Schta* ou *Scheto.*

4e. Après la bataille, le roi remonte sur son char, tenant d'une main la harpè, le fouet et les rênes de ses chevaux; de l'autre, il entraîne à sa suite des prisonniers qu'il tient, les uns par leur chevelure, les autres attachés par le cou, les bras liés, et montés sur des chars. Le roi tourne la tête en arrière de leur côté, comme pour vaincre leur résistance à le suivre. En avant du roi marchent deux autres groupes de captifs les bras attachés derrière le dos ou les mains prises dans des menottes.

5ᵉ. Les mêmes prisonniers sont amenés en présence des divinités AMON-RA, PACHT, déesse à tête de lionne, qualifiée *la grande mère*, CHONS et la déesse TMÉ, *fille du soleil* ; ces personnages divins sont réunis sous un naos ou dais couronné d'uræus. Un riche butin composé de vases et de sachets remplis d'or est disposé sur des tablettes entre le roi et les dieux. L'inscription gravée au-dessus annonce *l'offrande de vases d'or et d'émail au dieu Amon-ra, après la victoire et la dispersion des ennemis.* Dans les colonnes hiéroglyphiques tracées auprès d'Amon-ra, le dieu dit au Pharaon : JE T'ACCORDE *de tout vaincre* ; JE T'ACCORDE *de fouler tous les pays étrangers sous tes sandales* ; JE T'ACCORDE *la durée de la vie de Phré ; les années d'Atmou ; les panégyries* (périodes de 3o ans) *comme le soleil ; une vie stable et pure*, etc.

Dans ce tableau comme dans tous les autres, de longues inscriptions hiéroglyphiques remplissant les intervalles des figures, en expliquent les sujets et énumèrent les actions et les titres du roi, par un langage parsemé de métaphores et d'expressions qu'une traduction littérale ne dégagerait pas d'une certaine obscurité, à cause de la tournure d'esprit orientale et du génie particulier au peuple et au temps dont il s'agit (1).

Le tableau qui vient d'être décrit est le dernier de la troisième ligne. La série des compositions guerrières sculptées dans cette partie de la muraille se termine, comme la partie correspondante, vers l'angle ** de la porte, par un grand bas-relief symbolique et religieux occupant la hauteur du mur et résumant par une sorte d'allégorie les conquêtes et la domination de Ménephtah Ier. Ici le Pharaon lève sur le groupe d'ennemis qu'il tient par leurs chevelures réunies, une masse d'armes au lieu de la harpè; quant au reste, ce tableau (déjà mentionné au § II) ne diffère pas beaucoup de l'autre (2).

Parmi les peuples vaincus par Ménephtah Ier, et nommés dans les diverses scènes décrites cidessus, on remarquera les suivants, que divers indices et l'analogie de leurs noms avec ceux qui nous sont connus par l'histoire, permettent de

(1) On peut juger de ce style par l'interprétation que M. Rosellini a donnée de toutes ces inscriptions dans son vol. III, part. Ire, des *Monumenti storici*, p. 319-396, sqq.

(2) V. ce qui en est dit à la fin du § I. J'ai pris note, sur les lieux, des différences et des variantes que présente la double liste des villes et peuples soumis, énumérés dans ces deux tableaux.

déterminer avec quelque probabilité. Ainsi, on reconnaîtrait dans les peuples de LODAN ou LOUDIN, les Lydiens, comprenant les *Tohen* ou *Tahn*, et les *Scheto* ; la terre d'OMAR serait l'*Omira* de Pline (1), portion voisine de l'Euphrate et de l'Assyrie. Les habitants de KANANA rappellent les *Cananéens* de la Palestine; enfin, ceux de NAHARAÏNA appartiendraient à la Mésopotamie. La race asiatique arabe serait la souche principale de ces divers peuples (2).

(1) L. V, c. xxiv.
(2) V. à ce sujet les rapprochements proposés par M. Rosellini, et dont je ne donne ici qu'une indication fort succincte. (*Monum. storici*, t. III, part. 1ʳᵉ, p. 439-442, sqq.)

§ IV.

STÈLE DU ROI BINOTHRIS (*Skhaï*) (1).

Je trouve dans le recueil de légendes royales (publié par M. le docteur C. Leemans, à Leyde), sous le n° 301, pl. XXIX, un fragment d'inscription tiré d'une grande stèle de la collection de M. d'Anastasy (n° 586 du Catalogue de cette collection). Cette stèle porte une inscription de vingt lignes, mais l'auteur n'en donne qu'une petite portion. Il ajoute : « Le style de l'inscrip-
« tion, la forme des caractères et leur travail, la
« font remonter à une époque très-reculée, où
« cependant les arts étaient à un haut degré de
« perfection; et la ressemblance avec les grandes
« stèles de la seizième dynastie, exposées dans
« le musée de Leyde, rend assez probable que la
« stèle de M. d'Anastasy appartient à un roi de
« cette dynastie. Malheureusement les cartouches

---

(1) V. les pages 3 et suiv., 95, *passim*.

« sont martelés, de manière à ne présenter que
« des traces tout à fait confuses des hiéroglyphes
« qui ont composé le nom. Les signes de l'éten-
« dard (la bannière) de ce roi.... doivent proba-
« blement être cherchés dans les groupes mar-
« qués *a*, *b*, *c* ; mais je n'ai pu trouver dans les
« inscriptions publiées jusqu'à présent, aucun
« étendard (bannière) auquel un de ces groupes
« ressemble, etc. »

En effet, la bannière du roi auquel se rapporte ce monument n'avait encore été publiée nulle part, au moment où M. Leemans fit paraître son livre. Il ne pouvait, en conséquence, que soupçonner ou désigner d'une manière incertaine, comme il l'a fait par les lettres *a*, *b*, *c*, les signes qui lui paraissaient devoir former les éléments de la bannière de ce roi. Or, cette bannière, aujourd'hui connue par le dessin que j'en donne à la page 6 de ce volume, nous fait reconnaître, dans l'inscription placée en tête de cet article, les mêmes signes, moins le scarabée qui, probablement, se trouvait à la place de la fracture indiquée dans le dessin. Il n'est pas douteux, d'après ce rapprochement, que la stèle dont il s'agit n'appartienne au vieux roi que j'ai nommé Binothris (Skhaï) (V. à ce sujet les pages 3, 6, 96, *passim*), et ce monument acquiert un degré d'importance historique, par la date qui commence l'inscription et qui annonce *l'an IV*, le 1ᵉʳ *du mois de Choïak*. Ce roi aurait donc régné au moins quatre ans, et sa domination se serait étendue non-seulement sur la haute et la basse Égypte, comme l'annoncent le vautour et l'uræus symboliques, mais même sur les contrées étrangères indiquées par les neuf arcs, et que je soupçonne exprimer non-seulement la Libye, mais la plus grande extension de la puissance royale au dehors de l'Égypte, c'est-à-dire, toutes les contrées soumises aux Égyptiens ou connues d'eux.

On conçoit, d'après ce seul fragment, dont je n'ai même rapporté ici qu'une petite portion, combien il pourrait y avoir d'intérêt à ce que la stèle dont il s'agit fût connue en entier. Il est permis d'espérer, au moment où les études égyptiennes semblent reprendre faveur, que ce monument sera, sans trop de retard, reproduit et livré à la publicité.

Paris, 1ᵉʳ mars 1840.

TABLE ALPHABÉTIQUE

DES MATIÈRES.

A.

Abousir (pyramides d'), p. 152.
Abydos (Harabah-Madfouneh), sa nécropole, ses Memnonia, p. 112.
Abydos (palais d'), p. 112, 114 et suivantes. — Deuxième édifice, p. 119.—Troisième édifice, p. 121.—Schounet-el-Zebib, p. 122. — Kolt-Essoltân, p. 123.—Nécropole, p. 124.
Abydos (stèle avec inscription grecque), p. 155, 161.
Acanthus (*schont*) mimosa nilotica, p. 124.
Achmouneyn (Hermopolis-Magna), p. 128.
Akhmym. Voy. Panopolis.
Akoris (Tehneh) (inscription grecque d'), p. 154.
Alabastron, p. 43, 53 note.
Alexandre le Grand, p. 204.
Altophore (basilico-grammate), p. 74, 75, 76, 143. *Id.*, p. 214, 220.
Amasis, p. 183, 203.

Aménemhé, p. 192.
Amenopheum (de Karnac), p. 181.
Aménophis Ier, p. 191.
Aménophis II, p. 185. — Sa bannière, p. 186.
Aménophis III (Memnon), son génie (ferouer), p. 6, 7. — Petit temple d'Hathor dédié à la mémoire de son père Thouthmès V, à Ilithya, p. 17. — Son tombeau, p. 22. — Statue vocale, ses inscriptions, p. 22, 23. — Remarques sur son tombeau, p. 170. — Son palais à Karnac, p. 181, 182, note.
Aménophis III (Memnon), p. 185, 187, 197, 204.
Amensé, p. 192.
Amensi-Pehôr (roi thébain), p. 176.
Amenti, l'enfer égyptien, p. 5. — *Occident*, p. 148, 149.
Amon (petit temple d'), à Karnac, p. 200.
Amon-générateur, p. 39.
Amon-Touônkh, ancien roi

d'Égypte; ses cartouches se trouvent dans les matériaux de deux pylônes, à Karnac, p. 94, 99.—Son cartouche restitué, p. 185 note.—*Id.*, p. 199, note.

Amyrtée, p. 182 et note 1, 204.

Antæopolis; son temple est détruit, p. 84.—Hypogées funéraires; la plupart sont d'époque grecque et romaine, *ibid.*

Antinoé (Cheik-Abadeh), p. 44.—Ses hypogées dans le voisinage de l'hippodrome, p. 45.

Apachnas (Bachnan), p. 56.

Apophis (Apappus), ancien roi d'Égypte, p. 32. — Ce nom, en égyptien, signifie *géant*, p. 33, note. — Monument contemporain, *ibid.*

Apophis, p. 51.

Appartements de granit, à Karnac, p. 191.

Archétypes égyptiens d'architecture grecque. Voy. Beny-Hassan; el-Tell.

Architecture en bois, p. 68, 69.

Arsinoé (Philadelphe), p. 205.

Art égyptien (son histoire est encore à faire), p. 67.

Assassif (l'), vallée qui fait partie de la nécropole de Thèbes (à Qournah), p. 168.

Aten-ra, nom mystique du soleil, p. 55.

Aten-ra, titre de la bannière du roi Bakhnan, p. 131.

Atmou, p. 39.

Autels d'un genre particulier, à Psinaula, p. 63 et suivantes; — à Thèbes, p. 180, note.

B.

Bachnan, p. 56.

Bæon (Bachn), p. 56.

Bannière royale de Skhaï, p. 6.

Bannière du roi de Psinaula (Bakhnan), p. 131.

Basilico-grammate, p. 75. Voy. Altophore.

Bas-reliefs historiques de Ménephtah Ier, à Karnac, p. 209.

Beny-Hassan, p. 43, 44.

Bérénice, femme d'Évergète, p. 176, 177, 180, 205.

Bersché (hypogées funéraires), p. 51, 52.

Besa. Voy. Antinoé, p. 44.

Biban-el-Molouk, p. 21.

Biban-el-Molouk (montagne de), p. 149, 150.

Biban-el-Molouk. Voy. Hypogées.

Binothris, ancien roi d'Égypte, improprement nommé Skhaï, p. 95, note. — Ses cartouches, *ibid.*, p. 96.

Binothris (Skhaï), p. 139, 190. — Stèle de ce roi, portant une date de l'an IV, p. 225.

Birbé (ancienne This), p. 125.

Burton (M.), p. 33, note 2, 197.

C.

Canards (chasse symbolique aux), p. 34, 48, note.

Captifs, p. 72. V. aussi Hykschôs.
Cartouches, encadrements de forme elliptique, renfermant les noms et prénoms des rois égyptiens, et les titres de certains dieux dynastes; on en voit aux p. 32, 47, 51, 57, 89, 96, 105.
Caviglia (M.), p. 137.
Chambre dite *des Ancêtres de Mœris*, à Karnac, p. 43, 195, 196.
Champollion-Figeac (M.), cité p. 147, note.
Champollion (le jeune), cité p. 10, 43, 110, *passim*.
Chasse (symbol.) aux canards, p. 34, 38.
Chéops, p. 138. Voy. aussi Souphis, p. 146.
Chéres, p. 147, note.
Chons, p. 41.
Chons (temple de), à Karnac, p. 176, 177. — générateur, *ibid.*, note.
Claude, temple de *Schanhour*, décoré sous son règne, p. 89.
Cléopâtre (Épiphane), p. 205.
Cléopâtre (femme d'Évergète), p. 13, 177, 205.
Colliers (prise et distribution des), cérémonie, p. 61; est représentée à Thèbes comme à El-Tell.
Colosse (de Memnon), p. 22 et suivantes.
Colosse (transport d'un), représenté en bas-relief, p. 49.
Cynopolis (Samallout), p. 36, 134.

D.

Dendérah. Voy. Tentyris.
Deyr-abou-fâm (hypogées funéraires), p. 51, 77.
Deyr-Bouckarah, p. 81.
Deyr-Naçarah, p. 45. — Hypogées, p. 46 et suivantes. — Carrières, *ibid.*
Diospolis-Parva (Hôou), ses antiquités, p. 109, 110, 111.
Dujardin (le docteur), p. 29 et note.

E.

Eïmeï (tombeau d'), auprès et contemporain de la grande pyramide de Ghizé, p. 144.
El-Kab. Voy. Ilithya.
El-Khel, pyramide antique, p. 102.
Épime (martyrologe d'), cité d'après Champollion le jeune (*Égypte sous les Pharaons*), p. 50.
Épiphane (Ptolémée), p. 37, 103.
Eponyme, dieu *principal* d'un temple.
Ériée, fils d'Acoris (inscription de Téhneh), p. 37.
Erment. Voy. Hermonthis.
Esné. Voy. Latopolis.

F.

Férouer du roi (dans les religions asiatiques), note, p. 7.

G.

Gebbel-abou-Fédah, p. 80. — Grottes ébauchées, *ibid.*,

note ; — très-anciennes, p. 81.

Gebel-terr (montagne des Oiseaux), p. 35. — Carrières antiques, *ibid.*

Génie du roi (Skhaï), p. 6, 7.

Génies de l'Amenti (les quatre), p. 7.

Germanicus, p. 127.

Ghizé (pyramides de), p. 136.

Grotte de Samoûn, p. 82.

H.

Hapi (un des quatre génies de l'Amenti), p. 7.

Haraba - Madfouneh (voyez Abydos), p. 112.

Harpé, en égyptien *schôpsch*, p. 212, 216, note.

Hathor (déesse), p. 5, 41. — Son temple à Schanhour, p. 89.

Hermon, nom d'une inscription grecque à Ilithya, p. 14.

Hermonthis (Erment), son petit temple (Mammisi), p. 103, 104.—Son grand temple, construit d'abord sous Moeris, et rebâti sous Hadrien, p. 104, 105. — Hypogées funéraires, p. 106.

Hermopolis-Magna (*Achmouneyn*), p. 45, 50.

Hipponon des anciens, aujourd'hui Koûm-el-Ahmar, p. 31.

Hôou (voy. Diospolis-Parva), p. 109.

Horus, fils d'Aménophis III, p. 184.

Hykschos (Pasteurs), leurs invasions en Égypte, p. 70, 71, 219.

Hypogées, excavations faites sous terre, et particulièrement dans les montagnes, pour servir de tombeaux.

Hypogées d'El-Tell-Amarna (Psinaula), p. 53 et suiv. —Données chronologiques sur leur époque, p. 69 à 71, et note.

Hypogées funéraires des environs de l'ancienne This, nom hiéroglyphique du lieu, p. 88.

Hypogées funéraires (les) de Qournah dépérissent de jour en jour, p. 99.

Hypogées funéraires d'Ilithya (El-Kab), p. 102.

Hypogées funéraires d'Hermonthis, leur situation probable, p. 106. Hypogées, voyez Koum - el - Ahmar-Deyr, Berschè, Psinaula (El-Tell), Thèbes, etc.

Hypogées royaux de Thèbes, appendice, p. 163. — Remarques sur la cause probable de la déviation observée dans plusieurs de ces monuments, p. 164 et suiv.

Hypostyle (salle), soutenue par des colonnes.

I.

Ιατρος, p. 161.

Ilithya (El-Kab), spéos d'Hathor, p. 13. — Inscription grecque, p. 14.—Naos ou chapelle de Rhamsès III, p. 14, 15, 16.

Ilithya, p. 101. — Hypogées funéraires, p. 102.
Inscriptions grecques d'Ilithya, Téhneh, Panopolis. Voy. ces noms. — Abydos (stèle d'), p. 161.
Isis-Lochiade, p. 37.

J.

Jollois et Devilliers (MM.), p. 206.
Jomard (M.), p. 54, note, 137.
Joseph l'Israélite, contemporain d'Apophis, p. 32.

K.

Kanana (pays soumis par Ménephtah Ier (Cananéens), p. 212, 224.
Karnac. *Chambre* dite *des Ancêtres de Mœris*, p. 43. Matériaux anciens, p. 92. Description des ruines, p. 175. — Ruines du sud, p. 177. — *Id.* du sud-est, p. 179. — *Id.* du nord, p. 180. — Propylées du sud, p. 183. — *Grand temple du Sud*, p. 176, 177. — *Petit temple du Sud, ibid.* — Description du palais, p. 190. — Appartements de granit, p. 191. — Palais de Mœris, p. 193. — Petit temple d'Amon, p. 200. — Salle hypostyle, p. 198. — Plan des ruines, p. 189. — *Id.* du palais, p. 207. — Bas-reliefs historiques de Ménephtah Ier, p. 209.
Kolt-Essoltán (la Butte du roi), à Abydos, p. 123.
Koûm-el-Ahmar, p. 31, 42.

L.

Latopolis (Esné); l'intérieur du temple n'est pas connu, p. 103. — Le quai reconstruit avec des matériaux antiques; légendes d'Épiphane et de Trajan, *ibid.*
Lebas (M.), cité p. 45, note.
Leemans (M.), cité p. 95, 225.
Lenormant (M.), cité p. 96, note; 110, 119, note; 138, 175, 146.
Lepsius (M.), cité p. 136.
Letronne (M.), cité p. 1. — — Sur la statue de Memnon, p. 22, 23, note; 87, 88, 97, note; 113, note; 122, note; 148. — Remarques sur les inscriptions grecques de Téhneh, p. 37. — *Id.* de Panopolis (Akhmym), p. 156. — *Id.* de la stèle d'Abydos, p. 161.
Lochiade (surnom d'Isis), p. 37, note.
Lodan (peuples soumis par Ménephtah Ier), p. 215.
Ludin. Voy. Lodan.
Lydiens, p. 224.

M.

Mammisi (genre d'édifice improprement nommé Typhonium), p. 104.
Martelage des traits et des noms du roi (Skhaï), p. 8, 9.
Medinet-Ghiahel; inscriptions sur des briques, p. 30.
Memnon. Voy. Aménophis III.
Memnonia et Memnonium

(d'Abydos), p. 112. — Étymologie égyptienne de ce mot, p. 113, note.
Memnonium d'Aménophis III, p. 98.
Ménephtah Ier (Ousiréï), p. 18, 187, 198. — Il a élevé le palais ou Memnonium d'Abydos, p. 113. — Remarques sur son tombeau, découvert par Belzoni, p. 166. — Bas-reliefs historiques relatifs à ses expéditions guerrières, p. 209.
Ménephtah II, fils de Rhamsès le Grand, p. 181, note; 184, 200. — Inscription gravée en son nom, à Ilithya, p. 19. — Monument de son règne (spéos), près de Gebel-terr, p. 36. — Statues colossales de ce prince, au Memnonium de Thèbes, p. 98.
Menephteum, palais de Ménephtah.
Ménès, 71, 72, note, 139.
Meydoun (pyramide de), p. 152.
Mimosa nilotica (l'acanthus des anciens), p. 124.
Mœris. Voy. Thouthmès IV.
Mouth (temple de), p. 178, 179.
Mycérinus (Mencherès), p. 141.

N.

Naharaïna (pays étranger) (Mésopotamie), p. 224.
Naos, partie du temple qui suit le pronaos ou portique, et qui précède ou comprend le sanctuaire.
Naos, oratoire, chapelle.
Nécropole (ville des morts, cimetière).
Nectanèbe, p. 190.
Neith (déesse), p. 10, 41.
Nephthys, p. 41.
Nofraït (reine), p. 56.
Nouschouf (improprement nommé Sensouphis), p. 145.
Noutei, p. 3. Voy. Binothris (Skhaï).

O.

Obélisques de Thouthmès Ier et d'Amensé, p. 192.
Omar (terre d'), l'OMIRA de Pline, p. 224.
Onkhnas, fille de Psammétique, p. 183, 203.
Osiriaques (piliers), colosses représentant Osiris, p. 106. — L'ancienne commission d'Égypte les nommait Cariatides, p. 121, et note.
Osiris, divinité principale d'Abydos, p. 118.
Osorkon, p. 201.
Osortasen Ier, p. 191, 192, 197.
Osortasen II, chef de dynastie, fils d'un nommé Thoout-Otph, p. 47.
Osymandyas (palais d'), p. 114.
Ouerri, p. 186, note.
Ousiréï. Voy. Ménephtah Ier.
Oves (ornement d'architecture grecque). Le type s'en trouve à El-Tell, p. 68.

P.

Pacht (déesse à tête de lionne), p. 179, 222.

Panégyries, périodes d'années; — solennité.
Panopolis (Akhmym). Les hypogées funéraires sont à une grande distance du Nil. Ils appartiennent à l'époque grecque et romaine, p. 86. — Zodiaques peints aux plafonds, p. 86, 87. — Inscription grecque du propylon, p. 87, 155.
Peintures égyptio-grecques, p. 84. Voyez Panopolis, Qaou-el-Kébir.
Philippe Arridée (à Achmouneyn), p. 129; — à Thèbes, p. 204.
Phiophis, p. 32.
Phré, p. 39.
Piliers osiriaques, p. 121, et note.
Piónkh (père d'un roi thébain), p. 177.
Pischam (roi thébain), p. 176, 177.
Platon, nom d'une inscription grecque, à Ilithya, p. 14.
Prisonniers barbares, p. 72, 73.
Pronaos ou portique, lorsqu'il est soutenu par des colonnes; c'est la partie d'entrée du temple qui précède le naos et le sanctuaire.
Propylon (πρόπυλον), *porte avancée*. Porte, soit isolée, soit engagée entre les deux massifs d'un *pylône*. Voy. ce mot.
Psammétique, p. 183. — Tombeau de son époque auprès des pyramides de Ghizé, p. 144.
Psammétique III (père de la reine Onkhnas), p. 203.
Psamouthis, p. 184, 188.
Psinaula (Tell-Amarna), p. 27. — Ses hypogées, p. 53 et suiv. — Ses environs, ruines anciennes, p. 76, 77. — *Id.*, p. 93.
Ptolémée Alexandre Ier, fils d'Évergète II et de Cléopâtre, p. 13.
Ptolémée Alexandre, p. 206.
Ptolémée Aulète, p. 205, 206.
Ptolémée Épiphane, p. 205.
Ptolémée Évergète Ier, p. 176, 180, 183, 205.
Ptolémée (Évergète II), Cléopâtre, Alexandre Ier, p. 13.
Ptolémée Évergète II, p. 177, 205.
Ptolémée Philadelphe, p. 205.
Ptolémée Philopator, p. 180, 183, 203, 205.
ⲠⲦⲰⲞⲨ-Ⲛ'-ⲈⲨⲈⲚⲦ (*montagne de l'Occident*), p. 148, 149.
Pylône, double massif en talus et avec corniche, construit à l'entrée des temples et palais, dont il formait la façade. Au milieu était la porte d'entrée, nommée *propylon*. Voyez ce mot. — Un pylône orné de mâts, avec le propylon engagé, est figuré à la page 64.
Pylônes ornés de mâts et de banderoles, p. 64.
Pylônes de Karnac, renfer-

mant des matériaux plus anciens, p. 93, 94.

Pyramide d'El-Khel, haute Égypte, p. 102;— de Meydoun (Aram-el-Kaddab), p. 151, 152;—de Sakkarah, Abousir, Ghizé, *ibid.*—Observations sur leur origine, p. 148.

Q.

Qaou-el-Kébir. Voy. Antæopolis.

R.

Reschof. Voy. Schephrenes.
Rhamerri, p. 186, note.
Rhamsès II, p. 187.
Rhamsès II et Rhamsès III; distinction à établir d'après la différence des cartouches, etc., p. 119, note.
Rhamsès III (le Grand). Naos ou chapelle bâtie sous son règne, restaurée plus tard sous les Grecs, p. 15.— Date de l'an 41 de son règne, à Ilithya, p. 19.—*Id.*, p. 36.— Il a embelli le palais d'Abydos, p. 114;— construit et décoré les deuxième et troisième édifices, p. 119, 121.
Rhamsès III, p. 179, 180, 184, 187, 197, 203, 205.
Rhamsès IV (Méïamoun), p. 38, 176, 187.—Son palais à Médinet-Abou; bas-reliefs historiques, p. 98. — Remarques sur son tombeau, p. 166.

Rhamsès V, p. 184.
Rhamsès VIII, p. 176.
Rhamesseum, palais de Rhamsès, p. 98.
Romen, Romenen, peuples vaincus par Ménephtah Ier, p. 210, 211.
Rosellini (M.), cité p. 10, 26, 33 note, 43, 55, 110, note, 113 note, 146, 186 note, 197, 212, 213, 215, 223, 224.

S.

Sakkarah (pyramides de), p. 152.
Samallout (*Cynopolis*), p. 134.
Samoûn (grotte de); particularité sur les momies entassées dans cette caverne, p. 82.
Saouadéh (carrières), p. 42.
Sarcophage (de *Binothris*), p. 11.
Sarcophage d'une des petites pyramides de Ghizé, page 140.
Scène du jugement, p. 110.
Schanhour, ville antique, à deux lieues de Coptos; son temple consacré à Hathor, sous l'empereur Claude, p. 88, 89.
Scharóneh, p. 35.
Scheikh-Abadeh, p. 44 et suiv. Voy. Antinoé.
Scheikh-Fâdel, p. 35.
Scheikh - Harrydy, grottes ébauchées et carrières, p. 85.
Scheikh-Hassan, p. 35.

Scheikh-Saïd, au nord d'El-Tell-Amarna, p. 77.
Schephrenes (en égyptien Schofré), p. 145, 146.
Schischonk. Voy. Sésonchis.
Schmoûn, nom égyptien d'Achmouneyn, p. 129.
Schofré. Voy. Schephrenes.
Schont (l'acanthus des anciens), p. 124.
Schôpsch (harpè), *sabre-poignard*, p. 216, note; 219.
Schôs, Schasou, pasteurs, p. 212, 216, 219.
Schoufou (chéops d'Hérodote), p. 138.
Schounet-el-Zébib, grande enceinte en briques crues, à Abydos, p. 122.
Schta, Scheto, p. 221, 224.
Scribe royal (basilico-grammate), p. 75. Voy. ce mot.
Selk (déesse), p. 10.
Semenephtah (voy. Méneph-tah II), à El-Kab.
Senhor (*transitus hori*), p. 88, 90. Voy. Schanhour.
Sensouphis (Nouschouf), p. 145, 146, note.
Sésonchis (le Sésac de la Bible), p. 201.
Sévek, divinité égyptienne, p. 38, 41.
Sevekôtph, roi éthiopien, à Abydos, p. 124.
Skhaï (Binothris). Son tombeau à Biban-el-Molouk, p. 2. — Sa bannière, son génie, p. 6. — *Ferouer*, p. 7, note. — Son sarcophage, p. 11. Voy. Binothris.
Smithis, nom inconnu de déesse égyptienne, p. 14, note.
Soagghié (grottes funéraires et bourgade antique, avec temple), p. 126.
Sokar-Osiris, p. 110.
Soumautf, Hapi, Amset, Kebshnif (génies de l'Amenti), p. 7.
Souphis (en égyptien Schoufou), p. 146. Voy. Chéops.
ⲤⲞⲨⲦⲚ'-ⲢⲀϢ, p. 146.
Sowan (déesse), p. 127. Voy. Ilithya.
Spéos, oratoires, chapelles, ou petits temples creusés dans le roc. — L'hémi-spéos est, partie creusé dans le rocher, partie construit en avant de l'excavation. Voy. El-Kab, p. 12. — Le petit oratoire de Téhneh est, à proprement parler, un spéos. Voy. p. 38.
Stèle de Toûn-el-Gebhel, p. 59, 130. — *Id.* de Thouthmès IV, à Deyr-Naçarah, p. 46.
Stèles, tableaux à inscriptions, avec ou sans figures, souvent arrondis par le haut. — On en voit de sculptées sur les rochers; d'autres, et le plus grand nombre, étaient en pierre ou en bois, isolées et placées dans les tombeaux; ces dernières sont funéraires.
Syouth (hypogées de) sont détruits, p. 83.
Syringes, p. 99, note.

T.

Tahraka, p. 183.

Takellothis, p. 201.

Tanis superior, p. 133. — du Delta, *ibid*.

Téhneh (l'ancienne Acoris), p. 36. — Inscription grecque d'Épiphane, p. 37. — Ses divers monuments, p. 37 et suiv. Voy. Akoris.

Τειχος-τιχος, p. 161.

Tell-Amarna (El), l'ancienne Psinaula. Voy. ce nom. Ses hypogées, p. 53, 100, *passim*. — Données chronologiques sur leur époque, p. 69.

Tentyra, orthographe grecque de ce nom, p. 161, 162.

Tentyris (Dendérah), p. 107. — Propylon presque détruit; intérieur du grand temple et sanctuaire déblayés; cartouches vides, p. 108. — Salle du zodiaque, *ibid*. — Planisphère, nécropole, p. 109.

Thèbes (Qournah), p. 2. Voy. Karnac, Louqsor, Médinet-Abou.

Thèbes, destruction progressive de ses monuments, p. 90, 91, 92.

Thinites (vieilles dynasties de rois), p. 125.

This (Birbé), ville ancienne, qui pourrait être la même qu'Abydos, p. 125. — Ses hypogées, p. 88.

Thôni. Voy. Toûn-el-Gebbel.

Thôout-Otph, père d'Osortasen II, p. 47. — Son tombeau, p. 49.

Thoré, dieu symbolisé par le scarabée, p. 7.

Thoth-Anubis, cynocéphale, p. 36. — Ibiocéphale, p. 39. — Lunus, p. 16.

Thouthmès Ier, p. 187, 191, 192, 197.

Thouthmès II, p. 186, 191.

Thouthmès III, p. 179, *passim*.

Thouthmès IV (Mœris); stèle de l'an 32 de son règne, dans les carrières de Deyr, p. 46. — A Karnac, *chambre* dite *des Ancêtres*, p. 26, 33, note, 43. — Le grand temple d'Hermonthis datait de son règne, p. 104.

Thouthmès IV (Mœris), p. 50, 183, 193, 203.

Thouthmès V, père d'Aménophis-Memnon, p. 17, 185.

Tmé (déesse, *vérité*, *justice*), p. 5, 16. — Fille du soleil, p. 222.

Tohen (peuples soumis par Ménephtah Ier), p. 220. — Peuples de Lydie, p. 224.

Tombes royales (de Biban-el-Molouk). Voy. Hypogées.

Toûn-el-Gebbel, p. 80. — Stèle avec date du roi Bakhnan (d'El-Tell), p. 129. — Groupes sculptés en ronde-bosse, p. 132. — Ville ancienne (Thóni), Tanis superior, p. 133.

Trajan, p. 103.

Tremblement de terre de l'an 27 avant J. C.; a causé beau-

coup de dégâts parmi les monuments de Thèbes, p. 97.
ΤΡΙΦΙΔΟΣ, p. 155.

V.

Vénus (l'Hathor égyptienne), à Téhneh, p. 40.
Voûtes (constructions voûtées) en briques, p. 99.
Voûtes (constructions en forme de), à Abydos, p. 116.
— Leur décoration intérieure, p. 117, note 1.

W.

Wilkinson (M.), voyageur et savant anglais, p. 19, 22, 23, 24, 31, 33, 49, 53 note, 95, 119 note, 175, 206.
Wyse (le colonel), ses fouilles à Ghizé, p. 137, 142.

Z.

Zaouyet-el-Mayeteyn, p. 42, 43, 54 note.
Zodiaque de Palmyre, p. 87.
Zodiaques — d'époque grecque et romaine, p. 86, 87, 108. Voy. Panopolis.
Zoéga (origine des pyramides), p. 148.

FIN DE LA TABLE.

Manéthon	Années avant J.C.	Noms inscrits sur les Monuments	Pasteurs	Synchronismes
XV.e 5 Rois. Durée	250(?) 2913		Incursion en Égypte. 2236	
Timaus	2300		soumettant et ravageant le pays à la fin. (Gen 49)	
			s'établissent, et se nomment un roi: Salatis 19 ans	
			Beon 44	
XVI 5 Rois 6. Durée	190 2263		Ils se fortifient dans la Apachnas 36	2229 Ninus, selon
1 "	"		enceinte des citadins Apophis 61	S. Eymathius
2 "	"		Janias 50	
3 "	"		Assis 49	
4 "	2068	Osortasen I (règne de... l'Égypte. Obélisque	Ces rois d'Égypte d'abord retirés en Éthiopie, rentrent en	
5 "	"	d'Héliopolis, stèle à Ouadi Magara, stèle in signum Temple	Égypte, refoulent les pasteurs jusques dans la Delta, et	2060 vocation
6 "	2016	à Ouadi-Halfa) Amenemhé I.	Osortasen 1er règne sur tout le pays: la Delta exceptée	d'Abraham
XVII. 5 Rois 6. Durée	128. 1972		Les pasteurs restent dans la Delta encore 261 ans.	
1 "	"	Amenemhé II.		
2 "	"	Osortasen II (à Beni-Hassan)		1925 Jacob et Esau
3 "	"	Osortasen III (à Amun. temple de Thotmosis III)		viennent de Egypt.
4 "	"	prénom seulement (à Ouadi Magara)		1875 Isaac trompé par Esau
5 "	"	Amenemhé IV (id)		
6. Amosis ou Thouthmosis	"	Ames.... (à Sammé, berc. de Mysara, Thèbes)	Amosis attaque les pasteurs	1840 naissance de Joseph
XVIII. Rois 17. Durée	348 1820			
1 Thothmosis 30	1820	Amenophis I. 1	Son fils les chasse définitivement après un siège d'al de silens 1825	Sparkua, prise 1260em...
Chasse des pasteurs en	1825			8 Bath. Medor. vol. 3.
2 Chebron 13	1 1808	Tuthmosis I. 2		
3 Amenophis 20	7 1792	Tuthmosis II. 3	Hébreux	
4 Amensé (la fille) 21	9 1772	prénoms et... Amensé 4		
5 Mephris 12	9 1750	Tuthmosis III.	Naissance de Joseph	1749
6 Misphramathosis 25	10 1738	Amenophis II. 5		
7 Thmosis 9	8 1714	Tuthmosis IV. 6	Présenté à Pharaon à l'âge de 30 ans (gen. 41.46)	1719
8 Amenophis 30	10 1704	Amenophis III (M.Memnon) 7	Arrivée de Jacob à 130 ans (gen.47.9)	1710
9 Horus (son fils) 36	5 1674	Horus son fils 8	Établissement des Hébreux qui restent 215 ans	
10 Acherres (la fille) 12	5 1637	Phenesnenh la fille 9	Mort de Jacob 147 ans	1692
11 Rathos (son fils) 9	" 1625	Athotis I. 10	Mort de Joseph à 110 ans (gen.50.26)	1629
12 Chebres 12	5 1616			
13 Acherres 30	9 1604	Aminephthi I.		
... famille à Abenouilu 1	1570	Rhamses II. 11	Naissance de Moïse (80 ans avant l'Exode)	1575 Amenophis ben...
Harnesses ou Sethirus 66	3 1569	Rhamses III. 12	Nouveau Roi qui n'avait pas connu Joseph (Exod. J.8)	de Joseph
Armesses Miamun 1	4 1503	Menephthi I. 13	... ...	
Amenophis 19	6 1502	Menephtha III. Ousirei ou Mandoué 14	Sortie des Hébreux 480 ans avant l'an IVe de Salomon (Rois III. 6. 1)	1495
... de son règne et			l'an VII de Menephtha III ou Amenophis... Kanten	
...ment de la XIXe?	1482			
Sethosis ou Ramessés	1482	Ramsés IV. 15		